KB089195

강남 오피스텔 완판녀,
중개업 특급 전략

강남 오피스텔 완판녀, 중개업 특급 전략

고객 맞춤형 부동산 임대관리 비법

정유리 지음

한국경제신문*i*

임대관리 십계명 ▪

1. 손님이 나보다 더 잘 안다.
내가 더 잘 안다고 으스댈 필요가 없다. 손님보다 더 낮은 곳에서 겸손하게 돕는다.

2. 중개업은 블루오션이다.
임대관리업이 선진화돼 있는 일본도 중개업을 기반으로 성장했다. 자부심을 가져야 한다.

3. 계약은 결국 밀고 당기는 '밀당'이다.
계약 쌍방의 요구 사항을 조목조목 채우는 중에 밀당을 통해 만족감까지 얻게 해준다면 그야말로 실력 있는 부동산 중개사일 것이다.

4. 뒤처리까지 해내야 하는 것이 임대관리다.
오피스텔 주인은 폭발적으로 늘어나는 온갖 뒤처리 상황에서 비켜 서 있다. 임대료 독촉, 손해배상 청구, 하자 보수 등은 주인이 가장 어려워하는 항목이다. 이런 난제들을 해결해줄 수 있는 중개사가 선호될 수밖에 없다.

5. 중개사가 중개사를 돕는다.
부동산 중개인 사이의 계약 관련 협업이 왕성하게 일어나는 중이다. 중개업소도, 매물도 폭증하는 양상이다. 각 지역이나 각 건물에 있는 부동산 중개인 간의 협업을 통해 계약률을 높여나간다.

6. 부동산에서도 광고를 해야 손님이 온다.
핵심 고객층과 광고 콘셉트에 맞는 광고 매체를 선정하고 활용해야만 알찬 수익을 기대할 수 있다.

7. 전략이 있어야 살아남는다.
신축 오피스텔 한 채를 한 달여 만에 완판할 수 있었던 비결은 딱 3가지다. 공동중개 활용, 광고 활동, 그리고 스케줄 조정법이다.

8. 세입자가 왕인 시대가 꼭 온다.
주인은 방대한 공급 물량 속에서도 공실 없이 빨리 입주자를 모집하고 싶을 것이고, 고객은 수많은 매물 중에서 맞춤형으로 추천해줄 수 있는 중개사를 원할 것이다.

9. 경쟁보다는 독점이다.
선점의 위력은 강하다. 주인 대다수는 처음 거래한 중개사무소에서 꾸준히 관리받고 싶어 한다.

10. 실수는 누구나 한다.
계약 체결과 임대관리를 하다 보면 수많은 상황과 이변을 겪곤 한다. 이 과정에서 실수해도 피하지 않고 계속 노력한다면 마침내 든든한 지원자로 변해 있는 고객을 얻게 될 것이다.

프롤로그

꿈꾸고 도전하고 성취하라

운이 좋게도 어린 나이에 중개업에 입문했다. 등기부등본도 볼 줄 모르는 20대의 어린 나이에 공인중개사 시험을 준비하는 과정은 만만찮았다. 하지만 시간이 지날수록 새로운 지식을 쌓을 수 있었고, 재미와 성취감도 맛볼 수 있었다.

어렵사리 공인중개사 시험을 통과하고 나니 현업에서 더 큰 장애물에 부딪혔다. 정작 할 줄 아는 것이 하나도 없었기 때문이다. 고객이 무엇을 진정으로 원하는지조차 파악하기 힘들었다. 금액이 다소 높은 전세 계약이라도 하게 될 때면 손에서 땀이 나고 가슴이 두근거렸다.

이런 과정에서 주위의 도움을 많이 받았다. 멘토 김철동 대표는 일

강남 오피스텔 완판녀, 중개업 특급 전략

에 임하는 자세부터 확실히 가르쳐주었다. 그 덕분에 부끄럽지 않은 부동산 중개사로 거듭날 수 있었다. 그가 내게 항상 말하던 게 있다. "한 번, 두 번, 세 번 짚어라. 늦어도 좋으니 부디 신중하게 계약해라."

중개업소를 개설만 하면 밀려들 줄 알았던 손님은 필사적으로 노력하지 않는 한 얻을 수 없었다. 부동산도 광고를 해야만 손님이 오는 시대다. 예전에는 중개업소 자리만 좋아도 충분히 수익을 올리곤 했지만, 지금은 강남권 오피스텔의 공급 물량도, 중개업소의 숫자도 포화 상태다. 핵심 고객층에게 맞는 광고를 효율적으로 해야만 수익을 낼 수 있는 구조다.

세입자가 왕인 시대는 정말 온다. 이전에는 강남권에 매물이 없어서 계약하지 못하는 경우가 많았다. 하지만 신축 오피스텔이 곳곳에 들어서기 시작하면서 공급 물량은 가히 폭발적으로 늘고 있다. 무엇이 경쟁력이 될 것인가. 집주인은 공실 없이 빨리 거래를 성사시켜줄 수 있는 중개사를 더 선호할 것이다. 집을 구하는 고객의 입장에서는 다양한 매물의 장단점을 파악해 맞춤형으로 추천해줄 수 있는 중개사를 더 찾을 것이다. 부동산 중개업이 점점 더 전략적으로 움직여야 할 때다.

몇 번의 도전 끝에 기회를 얻을 수 있었다. 강남역 인근에 180여 세대의 신축 오피스텔 통째 임대계약이었다. 한 달여 만에 완판 신기록을 세웠다. 신축 오피스텔건물 한 채의 임대계약은 통상적으로 3달 이상 소요되는 데 비해 아주 짧은 시간 안에 해낼 수 있었다. 또한, 부동산 중개소에서 전속거래를 하게 됐다는 것은 아주 이례적이었다. 그 후 '강남 오피스텔 완판녀'로 불리곤 한다.

건물 전체를 빠르게 계약하는 특급 전략에는 3가지가 있다. 공동중개 활용법, 온라인 광고, 원활한 계약 스케줄 조정법이다. 이런 특급 전략을 통해 차질 없이 180여 세대의 오피스텔 입주를 끝낼 수 있었다. 부동산 중개소 앞에 늘어선 손님들의 긴 행렬을 보는 즐거움은 황홀했다. 한 달여 만에 이룬 쾌거였다.

중개업을 할라치면 온통 배움의 연속이다. 대화를 나누는 손님을 통해서도, 손님을 데리고 오는 공동중개인을 통해서도 배운다. 고객이 돈과 계약을 대하는 태도를 보면서 중개사의 매너와 중개업의 본질을 익히게 된다. 많은 사람을 만나고 다양한 계약을 진행하면서 해결법과 대처법을 터득하며 지혜를 쌓는다.

등기부등본도 볼 줄 모르는 20대의 어린 나이에 공인중개사 시험을 준비하는 과정도 녹록지 않았지만, 현업은 더 큰 장애물의 연속이었다. 어차피 힘들 거라면 죽을 만치 힘들자는 마음으로 버텼다.

고객이 돈과 계약을 대하는 태도를 보면서 부동산 중개인의 매너를 익히고 공동중개인과 협력하면서 중개 기술을 연마할 수 있었다. 해본 적이 없던 '밀당'도 배웠다. 고객의 요구 사항을 조목조목 채우며 계약을 끌어내는 것은 중개 기술의 꽃이다. 고객은 부동산 중개인보다 더 많은 것을 알고 있다. 고객보다 낮은 곳에서 겸손하게 돕는다.

부동산 중개업을 갓 입문했을 때는 단순 중개만을 생각해왔지만, 실전을 겪어보니 고객관리를 중점으로 하는 것과 임대관리를 중점으로 하는 등 부동산 중개업도 전문화·세분화되는 현상을 목격하게 되었다. 또한, 임대관리 회사가 출범하게 되면서 서브리스의 개념으로 집주인 대신해 일을 하고 수익을 창출하는 구조도 눈여겨보게 되었다.

이러한 임대관리의 선진사례로 일본 임대관리업에 대해 내용을 추려보았고 이를 통해 부동산 중개업이 나아갈 방향을 제시해보고자 한다.

포기하지 않고 끊임없이 도전하는 한 물고기가 잡힌다. 한 달여 만에 180여 세대의 신축 오피스텔을 통째로 계약할 수 있었던 돌파력은 포기하지 않는 마음에서 나왔다. 아직 제 꿈을 찾지 못해 떠도는가. 마지막 기회라고 생각하며 중개업에 뛰어든 도전자들에게 따뜻한 응원을 보내고 싶다.

"반드시 잘할 수 있습니다."

CONTENTS ▪

PART 1
사람을 만나며 배우는 중개업

PART 2
전략이 있어야 살아남는 중개업

CONTENTS ▪

PART 3
일본의 선진 임대관리 기법

PART 4

오피스텔 투자 Q&A

PART 1

사람을 만나며 배우는 중개업

한 달여 만에 오피스텔 전속계약 성사

나는 강남역 인근 신축 오피스텔 4층의 어느 한 호실에서 부동산 중개업을 시작했다. 오피스텔 원룸에서도 사업자등록증을 내고 영업이 가능해서 많은 중개사무소가 들어서고 있었다. 당시 약 200여 세대의 오피스텔 1채에 총 10개의 중개사무소가 입주 장사를 했다. 10개의 중개사무소는 치열한 경쟁을 통해 빠르게 임대 거래를 성사해 나갔다. 2~3달이 지나 입주 장사를 마친 부동산 중개사무소는 다른 지역으로 떠났다.

이러한 가운데 "내가 정말 이 일이 맞는 걸까?"라는 의문이 들었다. 치열한 경쟁 속에서 부동산 초짜인 나는 제대로 된 실패를 맛보았다. 당시 20대 중반이었던 나는 어느 하나 고객에게 어필할 수 있는 부분이 없었다. 어린 외모는 더욱이 고객에게 신뢰를 줄 수 없는 큰 단점으로 작용했다. 인터넷 광고도 잘 다루지 못하는 데다 어눌한 말투를 사용했다. 주변에서 안쓰러운 시선을 받았다.

얼마나 버틸 수 있을지 고민이 들기 시작했지만, 1년을 버티고 2년을 버티고 3년차가 되니 계약서 작성, 인터넷 광고, 손님 응대 등 나만의 노하우가 조금씩 쌓여갔다. 새로운 아이디어도 생기기 시작했다.

20대에 가지게 된 '부동산 사장님'이라는 명함은 무겁고, 힘들었고 무서웠다. 그래도 20대라서 할 수 있는 것이 있었으니 그것은 '도전'이었다. 인근에 약 400세대의 호텔형 레지던스가 들어섰다. 짧은 기간을 거주하는 젊은 층을 타깃으로 인터넷 광고를 활용해 빠르게 임대계약을 성사해낼 수 있었다. 자신감이 붙던 차 인근에 풀옵션형 ^{가구가 완비된 형태} 오피스텔이 완공을 앞두고 있었고, 무모한 도전을 시작했다.

부동산 중개사무소에는 나를 포함해 2명뿐이었다. 그렇지만, 오피스텔 전체 호실을 빠르고 정확하게 계약할 자신이 있었다. 마침내, 신축 오피스텔 통임대 전속 계약을 따냈다. 단 한 달여 만에 180세대의 계약을 성공적으로 마무리할 수 있었다.

희망을 잃지 않는 한 정말 버틸 수 있다. 내가 할 수 없을 것만 같고 두려울 만큼 커 보이는 꿈에 도전할 수 있다. 포기하지 않는 한 기회의 시간은 온다. 당신도 할 수 있다.

슈퍼마켓 없어지듯 부동산도?

기업형 임대관리 회사 출범에 대한 예고는 이미 5년 전에 있었다. 이후 2014년도에는 일본계 기업이 본격적으로 움직이기 시작했다. 국내에 한일 합작 회사와 일본 자회사가 등장하기도 했다. 2014년도부터 여러 논문과 신문 보도 등으로 임대관리 회사 출범과 외국계 기업의 한국 진출 소식을 앞다퉈 다루었다.

민간임대시장의 규모가 큰 한국은 외국계 기업에서 볼 때 큰 먹거리일 수밖에 없다. 그간에는 한국에만 있다는 특별한 제도인 전세와 높은 보증금이라는 장벽 때문에 접근하기 어려웠지만, 최근 들어 전세도 줄어들고 높은 보증금이나 반전세와 같은 장벽들이 날이 갈수록 허물어지고 있어 외국계 기업의 접근성이 더욱 쉬워졌다.

특히 강남권 같은 경우 단기 임대1~3개월 단위의 짧은 거주형태 수요가 급증하고 있다. 무보증이거나 한 달 월세 정도를 예치금으로 걸고 임대하는 형태다.

체계적 매뉴얼로 다져진 일본 임대관리 회사가 들어오기에 단기 임대 수요가 점점 늘어가는 강남은 절호의 기회인지 모른다. 국내 부동산 중개소는 체계적 매뉴얼을 갖추기보다는 각 개인의 경험치에 의존하고 있다. 파트별로 규모를 키우고 체계화하기에 상당한 어려움이 있었다.

또한, 부동산 중개인 개인의 경험치에서 나온 노하우는 쉽사리 공유하거나 오픈할 수 없는 부분이기도 하다. 노하우를 배워 나가 인근에 중개소를 차려버리면 그만이었다. 중개인들 간의 정보 공유망으로 인한 계약 협력은 있었으나, 정보를 교류하고 함께 성장할 수 있었던 문화는 아니었다. 그렇기에 조금은 폐쇄적일 수밖에 없는 정보 시장이었다.

이전에는 폐쇄적인 조직체로 독점하는 형식이 가능했다. 임대인의 정보만 가지고도 충분히 임대관리와 중개업을 영위해나갈 수 있었다. 그러나 온라인 시대가 도래하고 임대인과 임차인의 연령대도 낮아지면서 폐쇄적이던 정보 시장도 점점 개방되어가고 있다. 고객들의 부동산 지식 수준도 점점 높아지고 있어 부동산 중개사의 업무 범위도 상당 부분 좁혀지고 있다.

현재까지는 부동산 임대관리에 대해 생소하게 생각하는 고객분들이 많다. 그러나 임대인에게 좋은 조건의 계약자를 찾아주고 내부 청소관리와 퇴실 정산, 임차인의 민원까지 체계적으로 대응해주는 곳이 있다면 어떨까. 일본의 임대관리 회사는 초반에 등장할 때 대체로 작은 규모에서 시작했다. 대다수가 소규모 중개업을 기반으로 해서 다져졌고 대규모 건설 및 시행을 기반으로 임대관리업이 발전되어왔다.

한국 부동산 중개업 또한 현재 고객의 높은 수준과 정보력에 기반을 둔 트렌드에 맞춰 발전해나가야 함이 분명하다. 개인에 치중된 중·소규모 중개업의 위기이자 기회의 시간이 도래했다. 대규모 외국계 임대관리 회사가 한국으로 빠르게 유입되고 있다. 어떻게 하면 한국 중개업의 본질을 유지한 채 트렌드에 맞춰 발전할 수 있을지 고민하고 준비해야만 한다.

내 업의 철학, 그리고 중개보수료

그간 오피스텔 거래를 주력으로 해왔다. 더욱 디테일하게 들어가자면 강남역 인근 소형 오피스텔이다. 몇 년 전 오피스텔 중개수수료 요율은 0.9%에서 0.4% 협의로 절반이 뚝 잘렸다. 고객 입장에서는 같은 주거용인데예를 들어 빌라, 원룸 왜 중개수수료를 2배로 내야 하느냐고 아우성일 수밖에 없었다.

중개수수료는 아직도 분쟁이 많은 부분이다. 실제로 해외사례를 비교해보자면 한국의 중개수수료는 상당히 낮은 수준이다. 그런데도 중개수수료를 반이나 삭감당해야만 했다. 그러나 임대인관리 부동산에서는 크게 동요하지 않았던 중 하나가 원래 몇 년이고 계속 임대관리를 맡기는 집주인에게는 어느 정도 협의가 이뤄진 선의 중개수수료를 받았기 때문이다.

반면 고객관리 부동산에서는 타격이 상당했다. 차에 태워 보통 5~10개 이상의 매물을 보여주고 거래를 하는데 자칫하다간 광고비, 인건비, 유류비마저 빼지 못해 마이너스가 될 정도였기 때문이다. 수수료가 절반으로 삭감되고 나서 고객관리 부동산입주자측 중개전문의 폐업 소식이 잦아졌다. 그런데도 여전히 신규 중개업소는 계속해서 늘고 있다.

중개업소가 늘고 경쟁이 치열해지면서 각기 업체는 살아남을 무기를 가져야만 했는데, 그중 아주 쉬운 방법이 수수료를 깎아준다거나 무상으로 해주는 것이었다. 손님 측만 수수료 받고 주인은 안 받는다며 주인 명단을 쭉 섭외하던 중개업소가 있었다. 물론 당장 이익은 커보였다. 그러나 이런 방식은 결국 제 살 깎아 먹기가 될 뿐이다.

중개 전문가로서, 그리고 한 사업체의 운영자로서 업에 대한 철학을 가져야 한다고 생각한다. 나는 제대로 청구하되, 더 나은 서비스를 제공하는 방향으로 결정했다. 그리고 놀라운 것은 제대로 중개수수료를 청구하고 어려운 일들을 해결해주었을 때 집주인의 만족도와 신뢰도는 수수료를 깎았을 때와는 비교할 수 없을 정도로 높았다는 점이다. 물론 더 나은 서비스라는 무기를 가지기 위해 정말 오랜 시간 공들여야만 했는데, 여기에서 가장 심플한 팁을 제시해보려 한다.

임대인 진짜 원하는 것이 뭘까?

사실 집주인 당사자도 잘 모른다. 단순히 임대수익만을 원하는 것일까? 물론 공실 없이 또박또박 들어오는 월세는 남녀노소 환영이다. 하지만 퇴실 시에 집을 험하게 써서 원상복구 비용에 시간 소모까지 하게 된다면? 호실 내에서 합숙소나 불법 영업 장소로 사용했다면?

단순히 '월세만 잘 들어오면 되지'라고 생각했다간 큰 오산이다. 신분이 명확하고 집을 잘 사용해줄 세입자를 들이고 싶어 하는 집주인들이 상당히 많다. 매물의 용도에 맞는주거용 또는 업무용 계약자의 인적 사항을 파악해서 계약하기 전에 집주인에게 세부사항을 브리핑해주는 것은 상당히 중요한 절차다.

월세 시세뿐만 아니라 입주민의 인적사항, 사용 목적에 관해서도 내용을 전달받은 집주인은 신뢰를 갖고 계약에 임하게 되며 자신의 입장에서 생각해주는 중개인에게 감사함을 느끼게 된다. 물론 핵심은 공실률 없는 확실한 임대수익이지만 집주인의 입장에서 생각해주는 마음, 디테일한 서비스전화와 문자 연락는 세심한 중개서비스를 누리는 기쁨을 선사한다.

관리의 체계화

오피스텔은 임대계약 체결 후 관리하게 되는 것이 많은 편이다. 냉장고, 세탁기, 보일러 등의 시설물 고장이 발생한다면 어떤 사유로 인한 고장인지 파악해 집주인에게 보고해준다. 집주인의 동의를 구한 후 수리 요청 또는 구입 등의 절차를 밟는다.

또한, 계약기간 만료 시 퇴실자의 정산업무도 대행한다. 통상적으로 입주와 퇴실을 동시에 진행하기에 퇴실 정산 내역가스비와 관리비 등을 확인해 원활히 납부할 수 있도록 도와준다. 계약에서부터 하자 수리 접수, 퇴거정산 대행까지 도와주며 매물에 관련한 정보를 데이터화해 보관한다면 집주인의 신뢰를 얻을 수밖에 없다.

연애할 때도 안 하던 '밀당'을 하다

연애할 때 밀당은 필요악일까. 사람의 진심을 가지고 장난치면 안 된다며 늘 손사래 치던 나였다. 밀당이라는 것은 재고 따지며 나에게 더 큰 이익이 올 수 있도록 전략적으로 행동하는 것을 의미한다고 생각한다. 전략적으로 내 이익을 챙기기 위해 타이밍을 기다리고 노력해야 한다니 피곤한 일이었다. 그런 밀당을 부동산 중개를 하면서 배우게 되었다.

오피스텔 매매를 하던 중의 일화다. 급히 오피스텔을 정리해야 하는 주인분이 있었다. "어떻게라도 올해 안에만 팔아주세요" 집주인은 마음이 급했다. 하지만 반년이 지나도 집은 나가지 않고 있었다. 이러한 가운데 그 집의 인연이 될 손님이 찾아왔다. 가격을 협상할 수 있었다.

집을 구매하는 입장에서는 부동산 광고 매체에서 확인한 매매가격과 시세, 중개인의 브리핑으로 충분히 매매가를 알고 있다. 하지만 조금이라도 깎아서 사고 싶어 하는 것이 당연하다. 매매 확정을 지을 때쯤 되면 고객은 주변 부동산으로 한 번 더 문의한다. 이보다 더 좋은 물건이 있는지 또는 구매하려는 매물을 더 깎아서 살 수 있는지를 확인한다.

그리고 고객은 이렇게 말한다. "중개사님, 500만 원 더 낮추면 매입하겠습니다. 능력 발휘해주세요." 중개사는 급한 마음에 섣불리 집주인에게 흥정해선 안 될 일이다. 집주인에게도 중개사가 노력하고 있음을 인지시켜야만 한다. 상황별로 몇 시간 또는 하루 정도의 시간을 두고 연락을 취해야 한다.

이번 상황에선 집주인 입장에서 매우 아쉬운 가격이기 때문에 하루 정도 시간을 두고 연락했다. 예상했던 대로 집주인은 당장에 거절하지도 못하고 승낙하지도 못하고 결국 시간을 좀 달라며 전화를 끊었다. 그러고는 몇 시간이 지나 다시 연락했고 그렇게 매매는 성사되었다.

고객에게도 집주인에게도 자신을 위해 노력하는 능력 있는 중개사로서의 모습을 인지시켜야만 한다. 얼마나 어렵게 성사된 계약인지 알면 집주인 또한 쉽사리 거절하지 못한다. 집을 사는 고객에 입장에서도 단 몇십만 원, 몇백만 원이라도 깎아서 거래하면 큰 만족감을 얻을 수 있다. 쌍방의 니즈를 조리 있게 채우고 밀당을 통해 만족감까지 얻게 해준다면 그야말로 실력 있는 부동산 중개인일 것이다.

경매 수업에 들끓는 청년들

최근, 부동산 경매에 젊은 층이 대거 유입되기 시작했다. 중장년층으로만 이뤄졌던 부동산 필드에 20대 청년들이 뛰어들기 시작했다. 작년도 서적판매에서는 부동산 경매 분야가 최다 판매량을 기록했다고 하니 그 인기는 날이 갈수록 치솟고 있다.

주말 시간을 활용해서 약 한 달간의 경매 수업을 참여해보았는데, 수업장에는 너무 어린 임대인분들이 가득했다. 심지어 수업을 진행하는 선생님도 20대였다. 예비 임대인분들의 눈에는 열정이 가득했고, 이미 몇 채의 집을 소유하고 계신 분들도 있었다.

부동산 경매는 특성상 매물분석, 매물인수 과정 즉 차후 임차인과 생기는 분쟁, 시설수리 등을 임대인 자신이 직접 해야 하므로 다소 번거롭고 어려울 수 있다. 그러나 임대인은 이를 통해 매물관리에 대한 지식을 습득할 수 있어 여느 부동산 중개인보다도 더 풍부한 경험을 가지고 계신 분도 더러 있다.

강남권의 소형 오피스텔 투자는 안정된 수익보장으로 인해 주로 장년층에 추천되어왔다. 은행에 묻어두느니 수익률 좋은 오피스텔을 매입하는 편이 훨씬 낫기 때문이다. 또한, 오피스텔 건물을 관리하는 부동산 중개소에서 공실률 없이 원하는 조건에 맞게 거래를 성사시켜

주니 걱정 없이 안정된 임대수익을 올릴 수 있다.

경매 수업을 예로 든 것은 앞으로는 그 연령층이 더욱 낮아질 것이라고 조심스레 예측하기 때문이다. 경험해본 바로는 연령대가 낮을수록 투자 수익률과 공신력 있는 자료를 선호하는 경향이 있었다.

부동산 경매, 부동산 투자라는 키워드가 급부상하듯 젊은 층의 대거 유입은 시간문제라고 본다. 이전까지는 중장년층들만의 필드였던 부동산 투자는 이미 젊어지고 있다. 그에 맞게 부동산 중개인도 맞춤 서비스를 할 수 있도록 준비해야 하겠다.

뭣도 모르는 초짜, 자격증을 따다

부동산 관련 경험 전무! 등기부등본등기사항 전부 증명서이 뭔지도 모르고 공인중개사 자격증시험에 도전했다. 나는 대학 졸업 후 줄곧 꿈꿔왔던 의류 무역회사에 취업했고 상상했던 것과는 다른 현실에 실패감을 느껴야만 했다. 퇴사한 후 이렇게 가만히 앉아만 있을 수는 없다는 생각이 들었다.

처음 공인중개사시험 수업을 들었던 날이었다. 도대체 무슨 이야기를 하는지 알 수 없었다. 한 일주일을 그렇게 보냈다. 언젠가 한 글자라도 알아들을 것이라 생각했다. 일주일이 지나자 약간의 오기가 생겼다. 무작정 외우기라도 해서 통과해보기로 마음먹었다. 하다 보니 새로운 지식을 습득하는 재미도 쏠쏠했다. 학생으로 돌아간 듯했다.

일하지 않고 오롯이 공부에만 매진했다. 일주일 내내 책을 보고 수업을 듣고 문제를 풀었다. 실은 그렇게 하지 않으면 다음 날이 되면 기억이 가물가물했다. 시험 공부를 하며 깨달았다. "이거 정말 보통 시험은 아니구나." 결국, 정말 어렵게 공인중개사 자격증을 따냈고, 부동산 시장에 어린 나이로 첫발을 들여놓을 수 있었다.

어차피 힘들 거면 죽을 만치 힘들자

대학을 졸업하고 나니 금세 20대 중후반을 바라보고 있었다. 일을 시작하고 나니 사람 만나기도 쉽지 않았다. 애인은커녕 친구 만들기도 어렵다. 직업에 따라 친구들과의 대화 주제가 변했고 그렇게 멀어져 갔다. 수시로 울리는 전화벨에 새 친구를 사귈 일말의 에너지조차 사라졌다.

이러한 가운데 끝없는 외로움에 사로잡힌 적이 있다. 하루에 50~100통화 가까이 상담하고 나서 단 한 통화도 내 이야기를 할 데가 없었다. 가만히 있어도 눈물이 왈칵 쏟아지기도 했다. 지금에서야 되돌아보면 내 인생의 권태기였나 싶다. 외롭고 힘든 시간이 지긋지긋했나 보다.

그 시기에 늘 신에게 물었던 것이 기억이 난다. "이렇게 지겹고 외롭고 힘든데 그런데도 나는 왜 이 업을 해야 하는가." 그 질문의 시간이 2년 동안 지속되었다. 외롭고 우울한 시간이었다. 밑바닥까지 내려놓으니 나의 한계가 보였다. 나라서 할 수 있는 것은 아무것도 없었고 누구나 해낼 수 있는 일들이었다. 내가 아니면 안 될 것 같은 착각에 나 스스로를 옥죄고 있었다.

나의 한계를 인정하고 나니 편해졌다. 나는 영웅도 아니었고, 그저

주어진 지금의 위치에서 최선을 다해야 할 뿐이었다. 안되면 안되는 대로 조금 더 가볍게 대응했다. 모르면 모르는 대로 인정하고, 힘들면 힘든 대로 인정했다.

어차피 힘들고 외로울 텐데 죽을 만큼 해보자. 맷집이 생겨났는지 모르겠다. 약간의 오기와 용기가 생겨나기 시작했다. 그 시간이 지나고는 나는 꽤 대담해졌다. 속에 꼭꼭 숨겨왔던 열정과 비전을 꺼내기 시작했다. 그저 나다운 모습을 드러내기 시작했다.

낮은 곳으로, 더 낮은 곳으로

부동산 중개에 갓 입문한 분들이 꼭 하는 실수가 있다. 그것은 바로 아는 척이다. 부동산 지식에 대해 해박하게 알고 있어야 고객이 신뢰하는 것으로 생각한다고 생각하기 때문이다. 물론 소개하는 집에 대해 그리고 계약할 시 짚어야 하는 사항들에 대해 고객은 부동산 중개인에 상당 부분 의지하기도 한다. 계약의 전반적인 상황은 부동산 중개인이 이끌어가고 리드하기 때문이다.

하지만 부동산이라는 것은 상황마다 그 해결방안이 천차만별이다. 아무리 경험 많은 중개인도 처음 겪는 상황, 사례가 있고 세법은 매년 바뀌기 때문에 늘 공부해야만 한다. 모르면 모르는 대로 좀 더 가볍게 대응할 필요가 있다. 우리는 잊어서는 안 되는 사실이 있다. 고객 중 대다수는 베테랑이라는 사실 말이다. 고객은 아는 척하는 부동산 중개인을 쉽게 알아차린다.

또한, 아는 척을 하는 것은 상당히 위험하다. 자칫 중개 사고를 일으킬 수도 있기 때문이다. 고객에게 집을 소개하던 중 집이 마음에 들었는지 내부 시설물에 대해 질문을 해왔다. "이 집에 블라인드는 설치된 거죠? 에어컨은요? 전입신고도 되지요? 일요일에 계약도 가능한가요?" 그 중개인은 으레 소개하던 대로 "설치되어 있습니다. 모두 가능합니다"라고 다시 한번 확인하지 않은 채 얼렁뚱땅 넘어갔고, 결국 분쟁은 입주 날 터지고야 말았다.

분쟁의 이유는 부동산 중개인으로부터 잘못된 브리핑을 받았다는 것이었다. 블라인드도 설치되어 있다고 말했는데, 전에 살던 분이 다 떼어갔다는 것을 입주 당일 날에야 돼서 알 수 있었고, 게다가 일요일에 입주와 잔금을 하는 과정에서 입주자가 이체되지 않는 사고가 발생해 퇴실하는 분이 반환금을 받지 못해 발을 동동 구르는 일이 생기고야 말았다.

고객이 법률적, 세무 관련 문의를 하는 경우도 다반사다. 정확하지 않은 답변으로 인해 피해가 발생할 수 있으니 잘 모르는 것이 있을 때는 바로 답변하기보다는 "제가 다시 한번 확인해서 연락드리겠습니다" 하고 한 템포 늦추는 게 좋다. 한 템포 늦춘다고 해서 고객이 계약하지 않는다거나 화를 내지 않는다. 계약금이 들어가는 단계에서는 짚고 또 짚어야 한다.

부동산 중개인에 대한 착각 1순위

많은 사람이 '부동산 중개인'이라 하면 설득을 잘 해야 한다고 착각한다. 하지만 전혀 그렇지 않다. 설득이라는 단어의 뜻은 '상대편이 이쪽 편의 의견에 따르도록 깨우쳐 말함'이다. 집을 구하러 온 고객에게 집 소개를 하면 그만이지, 설득을 할 필요가 없다.

재미있는 일화가 하나 있다. 한 고객이 집을 보러 갔다가 황당한 일을 겪었다며 이야기했다. 그 고객은 여느 때와 같이 집을 보기 위해 부동산 중개소에 전화해서 중개인을 만났고 집을 보기 시작했다. 부동산 중개인이 3개 정도의 집을 보여주었는데, 집 안에 들어갈 때마다 묻지도 않은 설명을 했다고 한다.

일단 집에 들어가면 고객도 집을 느낄 수 있는 일말의 시간이 필요한데 들어가자마자 그 부동산 중개인은 쏟아내듯 설명을 퍼부었다는 것이다. "이 집에는 다양한 옵션이 있고, 이렇게 사용하는 것이라 하며 집주인은 어떤 분이시고…" 설상가상으로 세 집 중 선택해야 하는 집은 자신이 추천해주는 집이어야 한다며 주관적 의견까지 더해 손님을 괴롭게 했다는 것이다.

이는 다소 과장된 사례일 수 있지만 실은 부동산 중개인들이 빈번하게 실수하고 있는 부분이기도 하다. 손님은 우선 집을 보러 온 것이

지 장황한 설명을 듣고 설득을 당하려고 온 것이 아니다.

　고객이 새로운 집을 볼 때 어떤 점이 마음에 드는지 마음에 들지 않는지 판단하는 시간은 단 몇 초, 몇 분 일 수도 있다. 사람을 만날 때 첫인상에서 모든 게 끝나듯 말이다. 묻지도 않았는데 장황하게 이어지는 설명은 고객의 정신만 사납게 할 수 있다. 집은 좋은데 이 사람과 계약하고 싶진 않다는 말을 듣게 된다면 안타까운 일이 되지 않을까.

고객의 호감을 사는 부동산 중개인

고객이 고객을 소개해주어 미팅이 끊이지 않는 부동산 중개인이 있었다. 보아하니 20대 후반에서 30대 초반 정도로 보이는 젊은 청년이었다. 보통 계약관계라는 것이 한번 끝나고 나면 다시금 인연이 닿기가 쉽지 않다. 그렇기에 소개를 받는다는 것은 중개인에 대해 두터운 신뢰를 하는 것이 분명하다. 무엇이 그를 신뢰하게 했을까.

계약을 완료하고 나서 그의 고객들은 늘 다른 이에게도 소개하겠다며 늘 한마디 붙여 감사 인사를 하곤 했다. 공동중개부동산 중개인끼리 협업해 계약을 성사시키는 형태를 통해 고객과 함께 방문하는 다양한 부동산 중개인을 봐왔다. 고객들이 그들에게 호감을 느낀 데는 3가지의 공통점이 있었다.

① 들어주기

집을 보여주면서 한 발짝 물러서서 조용히 대기하던 분이 기억이 난다. 고객이 앞장서서 수압을 체크하려 물도 틀어보고 창문도 열어보고 이것저것 확인해보는 동안 한 마디도 말을 걸지 않았다. 그렇게 약 1분 남짓 주변을 살피던 고객은 중개인에게 몇 가지 질문을 하기 시작했다.

"여기 관리비는 얼마 정도 나와요? 방음은 어때요? 주차는 가능한

가요?" 중개인은 고객의 질문에 간결하게 답변만을 하고는 딱 한마디의 질문만을 고객에게 건넨다. "보신 매물은 어떠세요?" 그렇게 고객의 이야기를 경청하고 좀 더 디테일한 요구 사항을 파악했다.

집을 보고 결정을 하기까지도 편안하게 고객의 입장을 들어주고 계약을 하기 앞서서 입주 날짜와 전입신고 등의 디테일한 사항까지도 주도적으로 고객의 입장에서 조정해주었다. 경청한다는 것, 고객이 진짜 원하는 바를 가장 빠르게 파악하는 방법이었다.

② 선택할 수 있게 도와주기

집을 모두 보고 나서 고객이 말했다. "아, 모두 2% 부족해요. 금액이 맞으면 날짜가 안 맞고, 날짜가 맞으니 금액이 안 맞네요. 어쩌죠?" 집을 보여드리다 보면 "바로 이거에요! 이게 제가 원하던 것이에요"라며 100% 확신에 차는 결정을 내리는 것은 매우 드문 사례다.

집은 너무나 많고 고객이 개인적으로 고려해야 할 사항 역시 너무나도 많으니 말이다. 위치, 금액, 전망, 보안, 깨끗함, 애완동물 사육 가능 여부 등을 예로 들 수 있다. 또는 더 좋은 집이 있을까 하는 기대감으로 선택을 못 하는 고객이 상당히 많다.

그러다 금세 다른 곳에서 계약을 성사해버려서 기회를 놓쳐버리는 경우도 꽤 있다. 이는 전세 계약일 경우 자주 있는 일인데, 최근 소형 오피스텔 전세가 귀하다 보니 자칫 빠른 결정을 하지 못해놓치는 경우를 쉽게 볼 수 있었다.

이런 경우 부동산 중개인은 나서줄 필요가 있다. 이 집이 빨리 나갈수 있고 이보다 더 좋은 조건으로 찾기가 어려울 것이라는 판단이 서면 자신 있게 결정을 유도해줄 수 있어야 한다. 능력 있는 중개사는 이렇게 말할 것이다. "이거 하세요. 최대한 입주 날짜와 금액 조정해볼게요. 이거 안 하시면 곧 다른 곳에서 계약돼서 놓칠 수 있어요."

계약을 유도하기 위한 위기감 조성이 아니다. 실제로 부동산 중개인들은 어느 집이 선호도가 높고 빨리 계약되는지를 대부분 알고 있다. 진심으로 고객을 위해 결정을 유도하면 고객은 여러 가지 선택권중 가장 나은 선택을 할 수 있다.

③ 원칙을 지키는 서류 확인

보통 처음 큰 금액의 계약을 하는 고객은 상당한 불안감을 안고 있다. 물론 친절하고 전문적인 부동산 중개인과 함께 결정했다 하더라도 돈 문제이다 보니 누구도 완벽히 믿을 순 없는 일이다.

그렇기에 집주인과 계약서를 쓰는 순간에도 부동산 중개인이 나서서 서류 확인과 신분증 확인 등을 해주어야 한다. 그 외에도 확인할 것은 많다. 집주인이 직접 나왔는지, 집 담보대출은 잡혀 있는지 등이 있다. 위임계약이라면 위임장과 인감증명서 확인 등 계약을 위한 서류 확인을 원칙대로 꼼꼼하게 확인해줘야 한다.

어느 날에는 전세 계약을 하는데 주인분이 직접 나오지 못한 상황을 겪게 됐다. 능력 있는 부동산 중개인은 위임장과 인감증명서를 확인해주고 명의자 본인과 전화통화로 본인 확인을 하며 고객의 눈앞에서 꼼꼼하게 체크해주었다. 큰 금액이 오가는 계약, 믿을 것은 서류밖에 없다.

베테랑은 가볍다

고객에게 호감을 사는 부동산 중개인 중 가장 기억에 남는 3분을 소개해본다. 첫 번째, 늘 웃으며 들어주는 스타일이었다. 매번 손님이 손님을 소개해주는 특별한 중개인이었다.

그분은 항상 깔끔한 흰 셔츠에 늘 웃음을 머금고 있었다. 지금 볼 수 있는 매물이 있냐며 나에게 전화를 걸었을 때도 늘 밝은 목소리로 웃으며 "실장님 안녕하셨어요"라며 안부를 묻던 분이다. 남성분이지만 목소리 톤도 제법 높아서 더욱 경쾌하고 편안함을 느낄 수 있었다.

또 고객에게 집을 소개하러 같이 가면서도 과하지 않게 이야기를 나누었고 집을 보는 순간에는 고객이 말을 걸어올 때까지 조용히 기다렸다. 질문하면 간결한 설명을 얹을 뿐이었다. 계약서를 쓰는 상황에서는 친절하게 서명하는 구간을 챙겨주었고 서류와 시설 체크 등도 꼼꼼하게 동행해 확인해주었다. 말 그대로 고객 감동이다. 고객의 입장에서 늘 기분 좋게 중개서비스를 제공하는 이분을 마다할 분은 아무도 없을 것이다.

두 번째, 매우 친숙한 '동네 형' 스타일이었다. 다소 화끈하면서도 부드러운 분이었다. 확실히 고객을 리드하는 스타일의 실장님은 여러 집을 보여주면서 고객의 답변을 이끌어냈다. 어떤 점이 좋은지 어떤 점이 싫은지 순식간에 파악해냈다. 가장 마음에 들어할 만한 집을 단번에 추천해주었다. 고객이 안심하고 믿고 맡길 수밖에 없다.

임대 금액도 기가 막히게 조정해주었다. 월세 단 1~2만 원이라도 싸게 조정해주어 고객에게 더 큰 만족감을 얻을 수 있게 도와주었다. 약간의 분쟁이 일어난 적도 있었는데 조금도 번거로워하거나 불편해 하지 않고 오히려 주도적으로 나서서 분쟁을 정리해주었다. 조금도 물러섬이 없는 행동파 대장이었다. 이 실장님이 리드하는 대로 따르기만 하면 백이면 백, 만족스러운 결과를 얻으니 어찌 신뢰하지 않을 수 있을까.

세 번째, 참을 수 없이 가벼운 베테랑 스타일이다. 고가아파트 계약을 하면서 만난 사장님이었다. 말투만 보면 가볍다고 생각할 수 있었지만, 말이 길지 않았다. 사실만을 명확히 전달하면서도 유머러스하기까지 했다. 고객의 요청사항을 조용히 들어주다가도 아닌 부분이 있으면 조목조목 짚어주었다. 고객이 질문하면 백과사전처럼 명쾌한 답변을 해주기도 하셨다. 가벼움 속에서 드러나는 내공의 진면목을 볼 수 있었다.

핸드폰도 스마트폰을 쓰지 않는 분이었다. 이유를 여쭤보니 배터리도 빨리 달고 2G폰이 더 편해서란다. 겉으로만 보면 자그마한 중개사무소에 2G폰을 쓰고 있는 올드한 스타일로 오해할 수도 있지만, 말

한마디 나눠보면 이미지가 전혀 달라진다.

 고객 맞춤 컨설팅도 해준다. 고객의 입장에 맞게, 고객이 원하는 바를 심리적으로 파악해서 그 즉시 제시해줄 정도다. 가벼운 사람처럼 느낄 수 있지만, 어떠한 상황에서도 여유를 잃지 않으셨던 이분은 진정한 베테랑이었다.

주택 임대사업자의 등장

 강남의 원룸 수요가 늘어나면서 공급량 또한 폭발적으로 늘어났다. 2002년도경 강남대로 대부분의 오피스텔과 주상복합 아파트가 생겨났고 2012년경부터 그 틈새로 원룸 오피스텔과 호텔 등이 급속히 자리 잡기 시작했다.

 지난날의 오피스텔 원룸 수요의 경우 일반사업자를 낸 임대인이 대부분이었으므로 주로 사업자 형태의 거주자가 많았다. 월세에 부가가치세를 별도로 지급해야만 했고, 사업자 용도로만 사용 가능했기 때문에 주거 용도로 사용할 학생 및 직장인들에게는 오피스텔을 사용하기에 불편함이 컸다.

 그러나 오피스텔은 주거 용도로서 너무나 매력적이다. 빌라, 다세대와 비교했을 때 월등히 깔끔하고 내부시설 옵션이 모두 설치되어 있기 때문이다. 이를테면 냉장고, 세탁기, 에어컨, 가스레인지, 붙박이장, 비데까지 웬만한 기본시설이 모두 설치되어 있어 굳이 돈을 들여 새로 장만할 필요가 없다.

 또한, 1층에 경비원이 상주하고, 엘리베이터나 복도에 CCTV가 설치되어 있으며 간혹 복도에도 보안 도어가 있어 입주자만 출입할 수 있게 하는 오피스텔도 더러 있다. 이렇기 때문에 학생이나 여성 싱글 거주자에게는 오피스텔이 주거 용도로써 인기가 좋을 수밖에 없었다.

그러나 일반사업자를 낸 오피스텔에는 사업자 용도로만 사용해야 하기 때문에 주거용으로 살기 위해 암암리에 미신고 처리를 하며 임대인과 임차인 모두 불편을 감수해야만 했다. 주거용이 아니므로 '전입신고'를 할 수 없어 임대보증금을 보장받을 수 없었고 대신 '전세권 설정'을 해서 보장받을 순 있지만, 이마저도 하지 않는 경우가 많았다. 이러한 현황에서 주택임대사업자 제도는 집주인에게도 입주자에게도 더없이 기쁜 소식이었다.

이에 따라 신축 오피스텔의 경우 '주택임대사업자'를 등록하는 집주인이 늘고 있다. 신축 분양의 경우 전용면적 60㎡ 이하 주택임대사업자를 등록할 시 취득세 면제 혜택이 주어진다. 그 외 보유세와 양도소득세 혜택도 있다. 반면에 4년 의무임대와 전월세상한제 규정이 있으니 유의해야 한다. 일반사업자와 주택임대사업자는 각각 장단점이 있는데 집주인이 임대목적과 용도에 맞게 선택할 수 있다.

개인정보 유출을 막는 공인중개사

최근 개인정보 이용에 대한 절차가 까다로워졌다. 부동산 계약서를 작성할 때도 은행처럼 개인정보 동의서를 받기 시작했다. 더불어 고객도 개인정보 유출 위험을 방지하고자 하는 의식이 점점 강해지고 있다.

부동산 계약서는 5년 동안 보관하게 되어 있다. 계약서에는 이름과 주민등록번호, 주소, 전화번호 등 개인 인적사항이 기재된다. 부동산에서는 이러한 개인정보가 함부로 유출되어선 안 되기 때문에 개인정보 보호법에 따라 동의서를 받아 계약서 보관 의무와 신고 등의 업무를 수행한다.

그러나 개인정보 유출은 여전히 너무 쉽게 이루어지고 있다. 부동산 중개사는 원칙대로 행하는 것을 절대 잊지 않아야 한다. 어느 날, 울상이 된 고객이 부동산으로 찾아와 집 안에 있는 삼촌이 연락이 안 된다며 연락처를 알려달라고 부탁했다. 삼촌인데 왜 연락처가 없느냐고 물었더니 최근 전화번호를 바꿨단다. 우울증을 앓는 사람인데 며칠째 연락이 안 돼 걱정돼서 그러니 제발 연락처를 알려달라고 했다.

그 순간 늘 도움을 주고 계시는 중개사 사장님께서 바로 제지하셨다. "저희는 함부로 계약자의 개인정보를 알려드릴 수 없습니다. 이렇게 위험한 상황에는 경찰을 대동해 문을 개방하시는 방법밖엔 없습니다." 나중에 알고 보니 가족이 아닌 사기를 당해 쫓고 있는 사람들이었다. 상대방의 말만 믿고 개인정보를 유출하지 않도록 주의해야 한다.

또 하나의 일화가 있다. 이번엔 경찰서에서 전화가 왔다. 호실 한 군데가 성매매 업소로 이용되고 있어 그 호실의 계약서를 보내달라는 내용이었다. 요즘엔 경찰을 사칭하는 전화도 많기 때문에 긴장을 늦추지 않고 질문했다. "어디 경찰서에 성함이 어떻게 되신다고 하셨죠? 제가 확인 후 다시 연락드리겠습니다. 그리고 함부로 개인정보를 유출할 수 없는 입장입니다."

그러자 경찰서에서 공문을 보내드리니 협조를 부탁드린다는 답변이 돌아왔다. 이내 경찰서에서는 보내는 곳, 담당자직급, 협조를 구하는 내용 등이 명확하게 작성되어 보내졌다. 그렇게 본 호실의 집주인과도 확인 절차를 거쳐 경찰에 협조를 할 수 있었다.

고객의 개인정보 유출에 대한 의식이 강해졌다지만 대부분 대처가 상당히 미흡하고 그 위험성을 느끼지 못한다. 부동산은 다양한 사람이 전화를 걸거나 방문해서 쉽게 물어볼 수 있는 곳이다. 늘 개인정보 유출에 대비해야 한다. 부동산 중개인은 원칙대로만 행하면 된다. 어떤 상황에서도 개인정보 유출이 있어서는 안 된다.

당신의 통화는 녹취 중

어느 날 같이 일하는 실장님이 한 여성 고객에게 시달리는 모습을 목격하게 되었다. 전화로 따져 묻는 고객들은 간혹 있었으나, 직접 찾아와서까지 얼굴을 붉히는 경우는 처음이었다. 다행히도 한창 열을 올리려던 찰나에 내가 사무실로 들어오게 되었다.

어떤 영문인진 잘 모르겠으나 지금은 나설 때가 아닌 것 같아 뒤에 살짝 물러나 있었다. 여성 고객은 아랑곳하지 않고 끝까지 할 얘기를 마무리 지었다. "제가 오해한 것이라면 정말 죄송한 일입니다만, 경우에 어긋나는 것 같아 도저히 참을 수가 없었습니다. 사실을 알고 싶어 찾아왔으니 제가 할 말은 해야겠습니다."

대부분 입주자와 집주인, 부동산 중개인이 전화통화로 대화가 오가다 보니 오해가 생겨 얼굴을 붉히는 일이 종종 있다. 시달린다고 표현을 하는 이유는 좋은 의도로 도와주려다가 와전되는 경우 욕을 먹는 상황을 맞게 되면 마음이 상하기 때문이다. 물론 부동산 중개인의 말실수나 전달 착오로 인해 고객이 손해를 입고 화가 날 수밖에 없는 상황도 있다. 그럴 때는 부동산 중개인의 사후 대처가 중요하다.

다시 처음으로 돌아와서 이렇게 고객의 오해를 하게 되어 감정적으로 전화통화를 하게 될 때는 조심해야 한다. 고객이 잘잘못을 가리기 위해 통화 녹취를 하는 경우도 있기 때문이다. 최대한으로 오해를 풀수 있도록 고객의 말을 충분히 들어주고 진정을 시킨 후, 중요한 사항은 문자로만 오가는 것이 좋다.

간결하고 사실 위주의 내용만을 문자로 보내도록 한다. 예를 들어 비용 관련 문제, 기간, 자료 첨부사항에 관해서는 문자로 명확히 남겨둔 후 간단히 통화 설명을 덧붙이기로 한다.

계약 이외의 사항, 예를 들어 퇴실자가 쓰던 물품을 입주자에게 팔게 된다든지, 개인적으로 시설물을 설치하는 상황 등은 부동산 중개인이 직접 개입하지 않도록 한다. 이렇게 도와주는 상황에서 늘 문제가 발생한다. 각자의 문제는 각자가 해결하도록 직접 연결해주자.

누구나 실수한다

누구나 실수를 한다. 대부분 너그럽게 이해해주고 당사자도 더욱 조심해야 한다는 것을 깨닫는 좋은 기회가 되기도 한다. 하지만 중개 업무에서는 전혀 그렇지가 않다. 그 실수로 인한 손해의 크기에 따라 중개사가 짊어질 책임의 범위가 달라진다. 부동산 중개인은 원칙에 의거해 일 처리를 해야 한다. 중립적 입장에서 명확한 서류 확인을 거쳐 계약을 진행해야 한다.

신축 오피스텔 분양권 매매를 하던 중 일화다. 여느 때와 같이 고객과 편안하게 대화도 나누며 좋은 매물을 추천했고 계약을 하기로 결정이 되었다. 그러던 중 분양권 매매를 하면서 임대사업자에 대한 사항에 명확한 합의를 마무리하지 못했다. 결국, 잔금일이 돼서야 일이 터지고야 말았다.

당시 매물은 분양권 상태이기 때문에 매수인이 명의를 이전받아서 일반사업자 또는 주택임대사업자를 선택해 낼 수 있었다. 일반사업자를 낼 시에는 부가가치세를 환급받을 수 있었고 주택임대사업자를 낼 시에는 취득세를 100% 면제받을 수 있었다. 각각 장단점이 있었고 매수인은 일반사업자를 내기로 했다.

하지만 매도자 측에서는 사전에 합의되지 않았다는 이유로 환납받은 부가가치세 전액을 매수자 측에 입금하지 않고 국세청에 환납시켜 버렸다. 그로 인해 매수인 측은 일반사업자를 낸다 하더라도 부가가치세를 환급받을 수 없는 상황이 되어버렸다. 한번 국세청에 환납해 버리면 다시 환급되지 않기 때문이었다.

부가가치세 인수인계에 대한 쌍방 합의 과정에서 중개사로서 놓친 부분이 있었고 그로 인해 잔금 일에 명의이전을 하고 기뻐야 하는 상황이었지만, 울분 가득한 고객의 얼굴을 마주해야만 했다. 중개 보수료를 집어던지다시피 하고는 고객은 사라졌다.

상황은 이미 벌어졌고 더 나은 방안을 확인해 실망 가득한 고객에게 다시 연락하게 되었다. 전화기 너머 냉랭한 목소리가 들렸다. 고객은 어떤 말을 해도 듣고 싶지 않아 하는 듯했다. 하지만 당시 고객 입장에서 취득세를 면제받고 주택 용도로써 임대하는 것이 어쩌면 일반사업자를 내는 것보다 좋은 방안이었고, 결국 그렇게 제안해 주택임대사업자를 내는 것으로 처리했다.

이분은 몇 년이 지난 지금까지도 인연을 이어가고 있는 고객이다. 순간의 실수로 나쁜 기억만을 가지고 끝날 뻔했던 인연이지만, 그 끈을 놓지 않고 노력해 더 나은 수익과 임대관리를 해드리고 있다.

실수는 참 부끄러운 일이다. 원칙대로 확인하고 또 확인하면서도 이렇듯 뜻하지 않은 곳에서 실수와 문제가 발생한다. 가장 좋은 것은 실수가 없는 완벽한 계약이지만, 실수를 하더라도 그것을 인정하고 다시 한번 고객에게 손 내미는 용기를 가진다면 그렇게 내 편이 되는 VIP가 생기는 것이 아닐까 생각해본다.

20대, 무시당할 수밖에 없는 나이

20대 중반에 부동산 중개업에 뛰어들게 되면서 어려움이 많았다. 사회초년생으로서 기본적인 시스템과 규율 등을 경험해가며 쌓아가도 모자랄 판에 아예 스스로 개척해서 만들어나가야 했다. 이 과정에서 느꼈던 고통과 외로움은 감당하기 어려울 만큼 컸다.

모른다는 것과 미숙하다는 것은 사업이라는 영역에서 결코 귀엽다며 용인될 수 있는 부분이 아니었다. 미숙하기 때문에 중개 사고라도 겪게 된다면 그 책임의 중압감이 너무 크기 때문이다. 그래서 중개 전문가들은 욕심부리지 말 것이라고 늘 조언해주시곤 한다. 자신의 경험과 수준에 맞게 천천히 나아가라는 뜻이었다.

중개 필드에 나가 고객의 니즈를 파악하지 못하고, 계약 단계에서는 예상치 못한 변수에 대응하지 못해 당황했다. 예상치 못한 상황은 비일비재한데 미숙함은 그 상황을 견디는 것마저도 벅차다. 내공이 차야 닥쳐온 문제도 해결한다.

수없이 깨지고 좌절해 슬픔에서 벗어날 때쯤, 내가 바꾸고 싶은 게 보이기 시작했다. 나 스스로 변하기 시작하면서 내가 운영하는 중개 시스템에도 변화가 일어나기 시작했다.

소비하는 하루, 생산하는 하루

주 고객층을 분석하고 세부적인 타깃을 설정한 후 광고를 해서 고객을 모집하고 집을 소개해주고 계약을 성사시키는 과정만 해도 정말 어려웠다. 하지만 계약 이후에 벌어지는 일들은 훨씬 어려웠다. 건물 임대관리를 하다 보니 집주인의 문의사항과 입주민의 컴플레인, 문의사항, 시설하자 등의 문제로 수시로 전화벨이 울렸다. 계약을 많이 할수록, 임대관리 하는 호실이 많아질수록 통화량은 더욱 늘어날 수밖에 없다.

강남에서는 통상적으로 전월세 임대계약을 1년 단위로 체결하는데 최근에는 단기 임대1~3개월 단위 거주 계약 건이 폭발적으로 늘면서 더욱 다양한 문의와 컴플레인이 접수된다. 어느 날엔 계약 미팅은 없고 온갖 문의전화와 컴플레인만 응대한 적도 있다. 물론 컴플레인 대응과 차후 임대관리는 아주 중요한 서비스다. 지혜롭게 대처해 집주인, 입주자 모두 손해 보지 않는 선에서 빠르게 상황을 해결할 수 있기 때문이다.

하지만 인력은 한정되어 있는데 계약 건수보다는 사후 대처에만 지속적으로 시간을 쓰게 된다면 결과적으로는 소비되는 시간이 될 수 있다. 체계화되어 있지 않은 소규모 중개사무소이기 때문에 겪을 수밖에 없는 현실이기도 하다.

그러던 중 운영자로서 또한 사업자 대표로서 의지가 흔들리는 일이 생겼다. 소비하는 시간이 늘어날수록 그 문제점 안에 더욱 파고 들어가서 체력적으로도 정신적으로도 무기력한 상태가 됐다. 이러한 문제점을 극복하기 위해 시간별로 스케줄을 체크하기 시작했다. 또 자신에게 중요한 질문을 던져 의지를 되찾을 수 있었다. 아주 쉬운 질문을 반복해서 던지면 된다.

(1) 내가 가장 잘하는 것은 무엇인가?

반복적인 질문 끝에 내가 내린 답은 고객 경청과 해결방안 제안, 그리고 온라인 광고의 활용이었다.

(2) 나를 지치게 하는 일은 무엇인가?

소형 오피스텔 건물을 관리하면서 고객 상담, 집 보여주기, 공동중개인 상담, 컴플레인, 하자 접수, 퇴실 체크 등 셀 수 없이 많은 일이 계속해서 발생한다. 하나의 일에 집중할 겨를을 기대하기 어렵다. 그렇다면 이 중 가장 나를 지치게 하는 일은 무엇인가? 그리고 어떻게 해결할 수 있는가?

질문에 질문을 거듭해서 그 끝에 나를 가장 지치는 일을 찾아내었는데 그것은 바로 입주자 컴플레인과 하자 접수였다. 입주자는 궁금한 점이 있거나 시설 문제가 발생할 경우 먼저 부동산 중개인에게 연락한다.

　강남 오피스텔 완판녀, 중개업 특급 전략

관리비 결제는 어떻게 해야 하는지, 보일러 에러 표시가 뜨는 등 갑자기 발생한 시설 문제와 문의 사항까지 다양한 사유로 중개인을 찾는다. 입주자가 한두 명이 아니다 보니 문의와 하자 접수만 해도 전화벨이 불이 난다. 전화벨도 고생이라지만, 매번 비슷한 내용을 대응해야 하는 중개인도 정신적으로 피곤하다.

고민한 끝에 텍스트 시스템을 활용해보기로 했다. 입주안내서를 제공하고 직원 모두가 사용할 수 있는 카카오톡카카오 플러스 또는 문자로 해당 사항을 남기면 답변해드리는 형식이었다. 문자로 소통하니 더욱 정확하고 이해가 쉬웠고 자료로 남기에 자료화할 수 있었다.

급한 사항 외에는 문자를 통해 신속하게 해결해드릴 수 있었다. 좋은 예로 입주자가 입주한 후 시설물이 부서졌거나 바닥 장판이 훼손이 있는 것을 확인 후 사진을 찍어 전송해주었고, 퇴실 시 분쟁이 발생하지 않도록 사전에 방지할 수 있었다. 또한, 시설물의 어느 부분이 문제가 되었는지 사진을 통해 접수하니 쉽게 이해해 더욱 빠른 처리를 도와드릴 수 있었다.

선점의 힘은 크다

사업을 시작하고는 줄곧 책을 통해 영감을 얻곤 했다. 그중 가장 큰 감동을 준 문구는 피터 틸의 《제로 투 원》 중에 '경쟁하지 말고 독점하라'였다. 중개 시장은 날이 갈수록 피 터지는 경쟁이 심화되고 있다. 앞서 언급한 대로 오피스텔 한 채에 적어도 3개 이상의 부동산 중개소가 입점하고 있다. 이들은 같은 매물을 관리하다 보니 손님을 뺏고 빼앗기는 불편한 상황들이 연출되기 일쑤다.

고객을 놓치지 않기 위해 중개 보수료까지 깎아주면서 중개서비스를 제공하기까지 한다. 이러한 현상이 단편적으로는 저렴하게 중개서비스를 받을 수 있어 서로 원원하는 것으로 보일 수 있지만 결국 저가 서비스로 전락해 고객도 피해를 입을 수 있으며 중개 생태계가 무너지는 상황을 초래할 수 있다.

그러던 중 《제로 투 원》이 이야기해주는 지향점은 나를 아주 솔깃하게 했다. 독점, 선점의 힘을 나의 일상에도 적용해 보기로 했다. 2015년도 신축 전속 관리를 맡기 전에도 타 업체에 전속 임대를 몇 차례 제안한 경험이 있다. 호텔형 레지던스와 그 밖의 오피스텔 전체 매물의 임대관리와 계약을 독점하고 싶었다.

부동산 중개인끼리 같은 매물을 가지고 경쟁하는 소모적인 시간을 줄이고 독점적으로 매물을 관리하며 주도적으로 더 나은 임대관리 서비스를 제공하고 싶었다. 하지만 전속 임대계약 체결에 대한 설득 과정은 역시나 녹록지 않았다.

작은 규모의 부동산 중개소에서 무슨 뜬구름 잡는 소리냐며 비아냥거리는 분들도 간혹 계셨다. 그도 그럴 만한 것이 부동산 중개소 입장에서도 임대를 전속으로 맡길 회사 및 개인의 입장에서도 전속 임대관리라는 것은 흔치 않은 일이다 보니 윈윈하는 구조를 만드는 과정에서 분쟁이 있을 수밖에 없었다. 하물며 부동산 중개소는 지천에 깔려 있는데 굳이 한 곳에 전속 임대를 맡길 필요도 없었다.

그러던 중 기회는 우연히 찾아왔다. 곳곳에 신축 오피스텔이 들어서기 시작했고, 운영하고 있는 부동산 옆에 풀옵션형가구가 완비된 형태 오피스텔이 들어섰다. 그간 풀옵션형 임대계약도 많이 해왔기에 자신감도 붙었고 서울시에서 지정하는 글로벌 공인중개사영어와 중국어 부문도 취득했기 때문에 외국인 수요를 채울 수 있음을 어필하며 수월하게 전속 임대권을 따낼 수 있었다.

한 달여 만에 약 180세대의 임대계약을 전속으로 체결한 후 1년이 지났다. 놀라운 사실은 주변에 너무나 많은 부동산 중개소에서 우리가 전속 관리하고 있는 오피스텔의 임대인에게 전화와 우편 등을 통해 끊임없이 작업했음에도 불구하고 모든 임대인이 우리 업체에 다시

금 계약을 체결했다는 점이다.

선점·독점이라는 것은 고객의 잠재의식에 깊숙이 침투할 수 있는 절호의 기회임을 느꼈다. 판매 심리에서 사람은 처음 경험해보았던 것에서 새로운 것으로 쉽사리 이동하지 않는다고 한다. 우리는 이것을 '익숙함의 힘'이라고 일컫는다.

전속으로 임대관리를 하면서 나와 만나고 전화했던 모든 임대인이 다시금 나를 찾아주었다. 현재는 전속 임대를 넘어 임대인과 '위탁관리계약'을 체결해 기업 숙소와 외국인임대 유치로 더 나은 수익률과 서비스를 제공해드리고 있다.

꿈을 찾지 못해 떠도는가

"이 일도 해보고 저 일도 해보았지만, 무엇이 나에게 맞는 직업인지 찾지 못했어. 마지막 기회라 생각하고 공인중개사 시험을 준비하고 있어." 주변 지인들로부터 부동산 중개업에 대한 조언을 구하고자 연락이 오곤 한다. 그중 절박한 심정으로 준비하는 분도 여럿 되리라. 나 또한 같은 입장이었다.

꿈인 줄 알고 도전했던 직업은 생각했던 것과는 너무나 달랐고 실제로 경험해보니 나와는 너무 안 맞는다는 생각이 맴돌기 시작했다. 시간이 이렇게 안 갈 수 있었을까? 출근을 하면 퇴근 시간만을 기다리는 소모적 시간을 보내야만 했다. 퇴근만을 갈망하는 나 스스로가 자존감을 낮아지게 만들기 시작했다. "나는 이 일을 왜 하는 걸까?", "내가 진짜 잘하는 것은 도대체 뭘까?"

그렇게 첫 직장을 떠나보내고 시작하게 된 것이 부동산 중개업이었다. 부동산 중개업을 시작하고 나서는 약 1년간 벙어리처럼 일했다. 아는 것이 없으니 항변할 것이 없었다. 단순히 온라인 광고를 하고 집을 보여주며 여러모로 체험할 수 있는 시간이었다.

부동산 중개업에 종사하고 있는 실장님중개인을 대부분 '실장님'이라고 호칭한다들을 보면 활력이 넘친다. 이 집도 보여주고 저 집도 보여주면서 계속 이동하고 있지 않는가.

가만 보면 이 직업도 떠돌이다. 시간과 장소에 구애받지 않는 자유로운 직업 말이다. 정말 노력해보았지만, 이 직업도 맞지 않고 저 직업도 맞지 않았는가. 떠돌이에게는 떠돌이 직업이 맞다. 직장생활이 잘 맞지 않는 분들은 정말 이유가 있다. 구속과 속박에서 벗어나고 싶은 자유로운 영혼이기 때문이다.

마지막 기회라 생각하고 부동산 중개업을 준비하고 계신 분들께 전하고 싶다. 잘 선택하셨다고 힘내시라고 말이다. 그리고 한마디 더 얹는다면 딱 1년만 벙어리처럼 일하며 배우기를 바란다. 그 정도는 지나야 겨우 보일 것이다. 이 직업이 얼마나 매력 있는지 말이다.

강남 오피스텔 완판녀, 중개업 특급 전략

PART 2

전략이
있어야
살아남는
중개업

부동산에서도 광고를 해야 손님이 온다.

목 좋은 장소만 믿고 자리만 지키다가는 큰일 난다. 강남권 신축 오피스텔의 공급 물량과 중개업소의 숫자가 폭발적으로 늘었다.

세입자가 왕인 시대는 정말 온다.

무엇이 경쟁력이 될 것인가. 임대인을 중점적으로 관리하면서 입주자의 문의 사항에 즉각 대처할 수 있는 매물 관리자가 될 것인가. 입주자에게 맞춤형으로 소개시켜줄 수 있는 고객 중심 관리자가 될 것인가.

핵심 고객층에 맞게 광고해야 알찬 수익이 돌아온다.

공동중개 활용법, 광고 방법, 스케줄 조정법만 제대로 알면 오피스텔 한 채도 거뜬히 계약할 수 있다. 살아남는 데 필요한, 최소한의 도구만 익힌다면 시간이 쌓일수록 고객의 신뢰를 등에 업는 유능한 중개사가 될 것이다.

1

부동산
광고하기

부동산 광고, 디톡스가 필요하다

부동산도 광고를 안 하면 손님이 안 오는 시대다. 몇 년 전까지만 해도 가만히 자리를 지키고 있으면 손님이 찾아왔다. 상권이나 부동산 자리만 좋으면 그것만으로도 충분히 수익을 올릴 수 있었다. 하지만 지금은 강남권 오피스텔 공급량과 부동산 중개업소의 수도 포화상태다. 오피스텔 1채 당 적어도 3개의 부동산 중개소가 점유하고 있는 실정이다.

한 건물을 나눠먹기식으로 입점 부동산끼리 경쟁이 붙고 있다. 고객은 너무 많아진 매물과 많아진 중개업소를 일일이 알아보고 방문해볼 수 없다. 그렇기에 고객은 먼저 간편하게 검색해볼 수 있는 온라인 사이트를 통해 매물을 알아본다.

부동산 매물을 확인할 수 있는 대표적 온라인 매체로는 여러 가지가 있는데 한국에서 가장 역사가 오래된 부동산 포털사이트 '부동산뱅크' '부동산 114'가 있다. 가장 보편적으로 사용되고 있는 검색 포털사이트로는 '네이버 부동산', '다음 부동산' 등이 있다. 또한, 부동산 중개인만 사용할 수 있는 매물정보 공유망 '공실닷컴'이 있다. 최근에는 휴대전화 애플리케이션으로 간편하게 매물을 확인할 수 있는 '직방' '다방' 등도 생겼다.

한 가지 의문이 들 수밖에 없다. "부동산 중개소는 이 모든 광고를 해야만 하는 것일까?" 물론 다 할 수만 있다면 좋겠다. 그러나 이 모든 광고를 중개 업무와 병행한다는 것은 물리적 시간과 직원 수까지 고려해야 할 만큼 절대 쉬운 일은 아니다.

광고라는 것이 그렇다. 무조건적인 광고비, 인건비를 투자한다고 해서 그만큼의 수익이 척척 돌아오지 않는다. 한 광고매체마다 매물 정보를 입력하고 하루만 지나도 검색창 하단으로 뚝뚝 떨어져서 고객의 시야에 들어오지도 않는다면 어떻게 될까. 비용은 어떤가. 매물한 건당 몇천 원에서 몇만 원대까지, 월 단위 그리고 지역별로 몇백만 원에 이른다. 여차하면 버는 수익보다 광고비가 더 나올 수도 있다.

효율적인 광고를 하자. 소규모 중개업소일수록 효율성을 따져야 밑지지 않는 광고를 할 수 있다. 상단에 열거한 부동산 광고매체는 연령별, 지역별, 금액별로 효율성이 각각 다르다. 이를테면 오랜 역사를 가진 '부동산뱅크'와 '부동산114'는 주로 연령층이 높고 중대형 아파트 광고에 적합하다. '직방', '다방'은 휴대전화 애플리케이션이므로 20~30대 젊은 층이 원룸을 검색하기에 적합하다. '네이버 부동산'은 온 국민이 사용하는 검색 포털이므로 임대관리를 하는 중개업소라면 무조건 하는 것이 좋다.

'공실닷컴'은 중개인만이 사용하는 온라인 사이트인데 강남권에서는 모든 중개인이 사용한다고 해도 무방하다. 모든 광고를 할 필요도 없을뿐더러 하기도 쉽지 않으니 결국은 선택을 해야 한다. 내가 관리하는 매물을 찾는 핵심 연령층을 파악하고 금액대, 연령층 그리고 지역 특성에 맞는 맞춤 형식의 광고를 할 수 있어야 한다.

블로그 광고를 무시할 수 없다. 음식점이 가장 좋은 예인데 대개 많은 사람들은 블로그 글을 보고 맛집을 찾아간다. 인터넷에 검색해서 나오지 않는 음식점은 신뢰가 가지 않아 안 가게 된다고 하고 심지어 고객이 블로그에 악플이라도 달면 영문도 모른 채 문을 닫게 되는 음식점도 더러 있다고 한다. 그만큼 블로그의 힘은 강하다.

부동산 중개업소들도 블로그 광고에 뛰어든지 한참이다. 젊은 중개인의 유입으로 인해 매물 리뷰, 부동산 상식 등을 연재하는 블로거들도 상당히 많아졌다. 특히 고객을 유치해야 하는 중개인은 블로그를 더욱 치열하게 광고한다.

다른 광고매체와는 다르게 블로그나 카페, 포스트는 자신만의 색채를 담아낼 수 있다. 글을 쓰는 어조라든지 사진의 구도라든지 다양한 스타일로 어필할 수 있다. 블로그 광고에서 무엇보다도 중요한 것은 꾸준함을 유지하는 것이다. 중개 업무를 하면서 한 시간이고 책상에 앉아 포스팅하는 것은 여간 힘든 일이 아니다. 아웃소싱해서 그 시간을 활용하는 방안도 있지만, 이마저도 블로그에 대한 사전 지식이 충분히 있어야 효과를 볼 수 있으니 잘 생각해볼 문제다.

광고 매체별 활용 팁

(1) 네이버 부동산과 블로그 활용하기
1) 네이버 부동산 광고

중개사무소에서 주력으로 관리하는 매물, 중개사무소 인근에 위치한 건물 위주로 광고를 올리면 효과가 좋다.

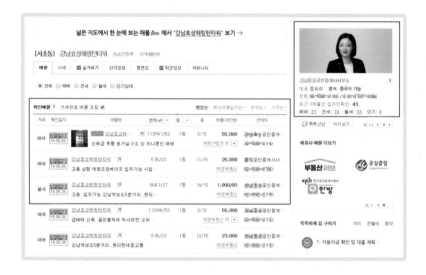

매물페이지 상단 첫 번째에서 세 번째까지 무조건 점유할 것. 전화를 오게 하는 광고의 위치는 최상단이다.

"현장매물" 네이버 부동산에서 매물 현장을 직접 촬영해 사진과 함께 최상단에 위치을 통해 공실이 되어 있는 호실을 광고해 최상단 점유를 노릴 것.

"집주인 동의 매물" 집주인의 휴대전화 번호로 승인이 되면 최상단에 위치로 집주인과 고객에게 신뢰 있는 매물임을 어필한다.

제목과 내용 어필도 중요하다. 고객이 꼼꼼히 읽어보고 전화 또는 방문을 하기 때문이다.

부동산대표자 프로필 사진에 신경 쓰라. 말끔하고 단정한 의상에 부드러운 미소는 고객을 단숨에 사로잡는다.

2) 블로그 광고

블로그 광고만큼 돈 안 들이고도 수익이 큰 광고가 없다. 휴대전화 하나면 모든 정보를 검색해볼 수 있는 시대, 블로그 광고는 효과가 매우 좋기 때문에 경쟁이 치열하다. 강남권의 매물광고뿐만 아니라 서울 이외의 지역에서는 토지, 건물, 펜션 등을 거래할 때도 블로그를 많이 본다고 한다.

이렇게 광고 효과가 좋은데도 불구하고 막연히 블로그 광고가 어렵다고 느껴 해볼 엄두를 내지 못하거나 아예 외주를 맡겨버리는 분들이 많다. 업을 시작한 지 얼마 되지 않은 부동산 중개사무소에서 광고를 외주로 맡길 경우 자칫 과도한 광고비 지출로 이어질 수 있다.

또한, 블로그 광고의 타겟과 컨셉에 대해 확고한 의견이 없는 상태에서 외주를 줘버리면 광고성 글들만 게재되는 뻔한 블로그가 되기 십상이다. 고객이 원하는 정보와 연령별·직종별로 나뉘는 매물의 스타일까지 가장 잘 알고 있는 사람은 부동산 중개인 자신이기 때문에 블로그 광고는 직접 할수록 고객의 신뢰도가 높아진다.

핵심 키워드는 부동산 관련으로 하되 카테고리는 다양하게 한다

인간미가 느껴지는 블로그가 각광받고 있다. 다소 딱딱한 내용의 부동산 광고만 올리기보다는 일상, 취미 등 다양한 카테고리를 올린다면 더욱 센스 있는 블로그, 브랜드 마케팅이 가능하다.

또한, 다양한 카테고리는 더 많고 다양한 고객을 블로그로 유입시킨다. 가령 맛집 소개라던가 이슈화 되고 있는 소식 등을 다룬다면 그 분야의 키워드를 검색한 유입자들이 생긴다. 이렇듯 블로그 유입자가 늘어나면 블로그 지수 및 신뢰도가 향상되고 검색어 최상단 노출이 쉬워진다.

꾸준히 올린다

"꾸준히 하는 사람 못 이긴다"라는 말이 있다. 꾸준히 블로그 광고를 올린다는 것은 여간 힘든 일이 아니다. 광고하려는 매물의 내부 사진을 찍어서 집 소개 문구를 작성하고 위치, 금액, 입주 가능 기간 등의 간단한 내용만 작성하더라도 시간이 꽤나 걸린다. 그러나 꾸준히만 한다면 추가 광고비도 들이지 않고 고객의 문의 전화와 미팅으로 인해 점차 계약이 늘어날 것이다.

매물 포스팅 쉽게 해보기

최근 네이버에서는 블로그 포스팅을 쉽게 할 수 있도록 자동으로 툴이 설정되어 제공된다. 얼마 전까지만 해도 가독성을 높이기 위해 글자체, 크기, 너비 등을 수동으로 조정해야 했지만 지금은 그저 타이핑만 해도 가독성이 좋다.

제목을 기입하고 내용에는 사진 첨부와 글을 기입한다. 글꼴과 사이즈가 자동으로 설정되어 있으며 가독성이 좋게 게재되기 때문에 아주 편리하다. 사진 편집 툴로 밝기 조정과 자르기, 로고 삽입하기 등을 간편하게 편집할 수 있다.

휴대전화로 간편하게 찰칵, 사진 올리기

사진 첨부 후 편집 툴에서 밝기와 선명도 조절이 가능하다. 호실 사진이 깔끔해야 고객의 전화가 오기 마련이다. 간편하게 휴대전화로 사진을 찍어서 멋지게 편집해보자.

이미 포스팅에 사용했던 사진을 지속적으로 올린다면 블로그 지수 신뢰도에 악영향이 미칠 수 있다. 가급적 새롭게 찍은 사진을 첨부하도록 하자. 우리에겐 화질 좋은 스마트폰이 있지 않은가! 수시로 찍어서 쉽게 올려보자.

블로그 글쓰기 창을 띄운다.

글쓰기 도구 사진 버튼 : 포스팅할 사진을 고른다. 몇 개의 사진을 동시에 올릴 수 있다.

사진을 클릭 : 내용에 올려진 사진을 클릭하면 편집이 가능하다. 로고를 넣거나 밝기 조정 등이 가능하다.

제목은 중요한 단어만 사용해서 깔끔하게, 내용은 충실하게 작성하기

블로그 포스팅의 제목은 고객이 온라인상에서 검색했을 때 걸리는 단어다. 제목에 오피스텔 명을 기입했다면 그 오피스텔을 검색했을 때 블로그가 노출된다. 이것저것 단어를 조합해서 길게 늘어진 제목은 가독성을 해친다. 가장 중요한 키워드만 사용해 제목을 깔끔하고 임팩트 있게 작성해보자.

사진-글-사진-글 순서배열 지키기

사진과 글 순서로 작성하는 것은 고객이 읽기에도 편안하고 신뢰도 있는 블로그로 인식되는 기본 원칙이다. 사진을 넣고 하단에 글 3~4줄을 작성한 뒤 다시 사진을 배치하는 형식으로 한다.

▌ 매물 소개 (내부)

1. 거실

65평대 아파트의 거실인 만큼 넓은 전용공간을 자랑하고 있었습니다. 특히 주목할 것은 베란다형태로 차단문을 닫을 수 있다는 장점이 있습니다. 겨울이 되면 문을 닫고 난방에 주력할 수 있을 것 같습니다.

2. 부엌

부엌은 기본적으로 식탁이 있었습니다. 식탁인데도 불구하고 인덕션레인지가 설치되어 있었습니다. 가족들과 국이 식지 않도록 계속 끓이면서 밥을 먹을수도 있겠고, 고기를 즉석에서 구워먹을 수도 있습니다. 전 개인적으로 인덕션레인지를 활용해서 샤브샤브를 해먹어보고 싶네요^^

(2) 꼭 해야 하는 부동산 광고 리스트

1) 공실닷컴 광고 (www.gongsil.com)

공실닷컴은 부동산 중개인 간의 매물정보 공유망이다. 강남권에의 대다수 중개업소는 공실닷컴을 이용하고 있으며 부동산 중개인 간의 협업이 왕성하다.

부동산 중개인은 매물 광고뿐만 아니라 부동산 실무 관련 정보와 청소용역업체 소개, 중고거래 등 유용한 정보를 공유할 수 있어 편리하다.

광고비도 비교적 착하다. 가성비가 좋은 광고에 속한다.

2) 한방, 직방, 다방 광고

한방은 공인중개사협회에서 만든 부동산정보 공유망이다. 공인중개사의 대다수는 공인중개사협회의 KREN 계약서 시스템을 사용한다. 계약서 작성과 일정 관리 등이 가능하며 추가적 비용 없이 한방을 통해 매물광고도 올릴 수 있다.

아직은 한방 이용자 수가 대표적 포털사이트만큼 많진 않지만, 중개사들의 과도한 광고비 지출과 허위매물 등을 방지하자는 취지로 힘을 모으고 있어서 점점 더 많은 공인중개사와 고객이 이용할 것으로 전망한다.

직방, 다방 광고는 강남권에서는 주로 원룸형, 단기임대, 전월세 등의 소형 매물에 고객의 전화량이 많은 측에 속한다. 앞서 언급했듯 해당 중개사사무소의 핵심 고객층과 광고비의 효율성에 맞게 사용하길 권장한다.

3) 의외로 중요한 광고들

① 배너광고

강남권에서 오피스텔 임대관리를 하며 가장 치열했던 광고는 다름 아닌 배너 광고였다. 위치 좋은 곳, 눈에 띄는 곳에 배너를 세워두기 위해 안간힘을 쓴다. 길을 걷다 보면 빨간색 바탕에 노란색 글씨로 크게 '부동산'이라고 쓰인 배너를 쉽게 볼 수 있다.

이렇듯 '부동산'임을 쉽게 인지할 수 있는 배너가 최고의 광고수단이라 할 수 있겠다. 고객이 인지하기 쉬운 심플한 글귀에 매물 사진도 보인다면 금상첨화다.

온라인 광고도 결국은 고객이 부동산에 찾아오게 만드는 수단이다. 부동산사무실 앞 또는 관리하는 건물 앞에 세워진 배너는 고객이 찾아오기 쉽게 도와주는 안내판과 같은 역할을 한다.

광고는 우선 고객이 직접 사무실로 올 수 있게 하는 것이라면, 배너 광고는 고객이 인지하는 부동산 사무실의 첫 이미지다. 첫 이미지를 심플하고 강렬하게 각인시키자.

② 지도등록과 업체등록

고객이 부동산을 찾아올 때는 대다수 인터넷 검색을 활용한다. 네이버 지도 또는 다음 지도 등을 많이 이용하고 있기 때문에 지도에 부동산업체 등록은 필수다. 운영하는 블로그나 웹페이지를 같이 등록한 다면 더욱 센스있는 중개사무소로 어필할 수 있다. 지도. 업체등록은 해당 사이트에서 간단히 할 수 있다.

③ 현수막 광고

현수막 광고는 상가나 사무실 등에서 자주 활용하는 광고다. 신축 오픈을 앞둔 건물에도 현수막 광고는 효과가 좋다. 고객에게 각인시 키기 좋은 큰 사이즈에 깔끔한 글꼴은 눈에 쉽게 뜨이기 때문에 고객의 전화와 방문량을 늘린다. 고객이 해당 오피스텔에 다녀가는 동안에도 시야에 보이기 때문에 각인효과도 누릴 수 있다.

2

불량임차인
퇴거시키기

뒤처리 폭주는 집주인 책임일까

강남권의 소형 오피스텔 분양 소식은 2004년부터 폭발적으로 늘었고 10여 년이 지난 지금도 꾸준히 늘고 있다. 더 지을 땅도 없어 보이는데 오피스텔이 이리도 많이 생기냐며 집주인 분들의 하소연도 잦아졌다.

이에 대한 답은 간단하다. 강남이라는 노른자 땅에는 쉴 틈 없이 수요자들이 몰리기 때문이다. 오피스텔 공급 물량이 폭발적으로 늘고 있지만, 전세, 반전세, 월세, 단기 임대 등 다양한 조건을 찾는 핵가족, 싱글 고객들의 수요가 치솟고 있다.

이러한 가운데 소형 오피스텔 분양을 받은 분들은 처음으로 임대업을 시작하시는 분들이 대부분이다. 이런 경우 처음 해보기 때문에 등기 접수하는 것조차 어려워하시는 경우가 많다. 하물며 임대하는 동안에 발생할 갖가지 문제들은 어떨까.

또한, 처음 분양받은 후 대개 취득세를 감면받기 위해 주택임대사업자를 낸다거나 부가가치세를 환급받기 위해 일반사업자를 내는 등의 방법을 택한다. 이 가운데 세금 관련 사항과 세입자를 들이고 난 후의 신고 절차 등 임대인이 꼭 알아야 하는 점이 한둘이 아니다.

그렇다고 소형 오피스텔 임대업을 처음 시작하는 분들이 세무사를 고용해 세무대리신고를 하는 경우는 드물다. 모두 임대인이 직접 처리해야 하는 일들이다. 세입자를 들이고 난 후는 어떤가. 호실 내부에 하자가 접수되거나 에어컨이나 보일러의 오작동, 고장 및 세입자의 불편사항까지 집주인이기에 해결해주어야 하는 부분이 상당히 많다. 이 모든 문제를 가장 빠르고 원활하게 풀어줄 수 있는 사람은 단연 부동산 중개인이다.

임대인도 다양한 사례와 경험을 가진 부동산 중개인을 신뢰하고 자문하기도 한다. 매년 바뀌는 세법과 임대 트렌드, 시세 현황 등을 전체적으로 아우르고 좋은 방법을 제안해줄 수 있는 경험 많은 부동산 중개인을 신뢰할 수밖에 없다.

감정적이고 주먹구구식인 분쟁 해결

어느 날엔가 집주인 한 분이 거의 울먹이며 전화가 온 적이 있었다. 수시로 월세가 지체되는 상황이라 세입자와 직접 통화를 하면 죄송하다고 돈이 생기는 대로 10만 원씩 이체하겠다며 사정하니 마음이 안 쓰러워 뭐라 할 수도 없고 난감하다고 말이다. 이 상황을 어떻게 해결하면 좋겠냐며 도움을 요청해왔다.

이런 상황을 겪게 되면 참 난감하다. 집주인도 임대수익을 올리기 위해 자본을 투자해 오피스텔을 사서 꼬박꼬박 수입이 들어와야 하는 게 당연한 이치인데 세입자와의 관계로 인해 스트레스를 받고 뒤처리하느라 시간마저 낭비하는 경우가 허다하다.

매물의 하자에 대해선 어떤가. 마지막 퇴실하는 날에 보니 집을 너무 험하게 사용한 상황이었다. 바닥에 흠집과 화장실 앞 물이 스며들어 마룻바닥이 뒤틀리고 색이 변한 것은 기본이었다. 담배를 피워서 도배지에 누렇게 담배 때와 냄새가 밴 데다가 청소를 전혀 안 했는지 기본 옵션과 에어컨에 먼지와 찌든 때가 가득했다.

이렇듯 불량 세입자로 인해 집주인이 피해를 보게 되는 사례도 있고, 반면 지나치게 자기주장을 펼치는 집주인 때문에 피해를 보는 세입자도 더러 있다. 작은 흠집 하나에도 비용을 청구하며 보증금을 내

주지 않거나 월세를 밀렸던 날짜 수에 이자를 청구하는 등의 사례도 있다. 이렇듯 다양한 분쟁들이 퇴실일을 기점으로 일어난다. 퇴실일이 되면 누구의 과실이냐며 주인과 세입자가 얼굴을 붉히는 일이 상당히 많다.

이런 경우 온종일 부동산 중개인과 집주인과 세입자가 전화로 실랑이를 벌이다가 겨우 보증금을 받고 해결이 되거나, 심하면 소송으로 번지는 경우도 있다. 결국 만나서 싸우더라도 비용에 대한 합의를 마치고 마무리가 된다면 가장 나은 편이나, 그보다도 이러한 분쟁을 예방하는 것이 가장 지혜로운 방법일 것이다.

불량임차인 퇴거시키기

퇴실일에 집이 훼손되어 있거나 불법 용도로 사용되는 경우, 빠른 대처가 필요하다. 대처가 늦어질수록 오로지 집주인이 피해를 떠안아야 하기 때문이다. 담배나 애완동물 사육 등으로 훼손되어진 집은 기존의 시설 중 교체가 가능한 것침대, 커튼, 벽지, 블라인드 등을 모두 새것으로 교체하는 것을 권장하며 전문 청소업체를 통해 찌든 때, 찌든 냄새를 제거하는 것이 중요하다.

불법 용도로 사용되는 경우 즉시 집주인에게 해당 사항을 알리고 경찰서의 공문에 협조해야 한다. 불법 용도로 인한 퇴거 조치에 적극적으로 협조해야 한다. 가스비가 연체된 상태로 퇴거했을 경우 납부자 분리신청이 가능하다. 입주자의 신분증과 임대계약서가 있다면 집주인이 도시가스 회사에 직접 신청할 수 있다.

임대관리 킬링포인트

(1) 임대료 독촉

월세 밀리는 데 사연 없는 이 어디 있겠는가. 사업이 어려워져서, 돈이 안 들어와서 등 여러 가지 사정으로 인해 납부가 지체되어 집주인과 세입자가 얼굴을 붉히는 경우가 있다. 집주인 입장에서도 어렵다는 사람에게 월세 독촉을 하기 여간 어려운 일이 아닐 것이다.

그래서 임대관리를 맡긴 집주인의 핸드폰 번호를 세입자에게 공개하기보다는 부동산 전화번호를 알려주어 한 번 더 거치는 게 상호 간에 불편함이 없다. 1년 보증금조 월세 계약일 경우 보증금이 500~1,000만 원대가 되니 그나마 다행이지만, 단기임대1~3개월 단위의 단기계약일 경우에는 이야기가 달라진다.

단기임대의 경우 통상적으로 한 달 치의 월세를 예치하니 단 며칠이라도 임대료를 밀리게 된다면 집주인에게 즉시 손해가 발생하게 된다. 이렇듯 가장 좋은 방법은 사전 예방인데 계약자의 인적사항을 정확히 파악해 입주시키는 것이다.

학생 또는 직장인인지 어떤 목적으로 집을 구하는지 진행하면서 파악할 수 있다. 의도가 의심스러운 손님은 중개를 진행하면서 계약을 차단하는 것도 하나의 방법이다. 최근에는 월세 납부 지체를 방지하기 위해 문자 알림서비스로 납부일로부터 일주일 전에 안내되는 시스템도 이용되고 있다.

(2) 하자보수(고장 수리)

입주를 시키고 나면 갖가지 문제들로 연락이 오곤 한다. 입구 쪽 자동센서 고장, 냉장고 문 손잡이 하자, 바닥 들뜸, 결로현상 등 다양하게 발생한다. 간단한 사항 같은 경우 관리실에서 해결해주기도 하지만, 세탁기나 보일러 등 시설물의 고장일 경우 고장 원인이 파악되어야 비용 부담의 문제가 해결되기 때문에 입주자들은 주로 부동산에 먼저 문의를 하게 된다.

통상적으로 고의적 파손이 아닌 경우는 집주인이 고쳐주지만, 그 원인이 모호할 경우 분쟁이 발생하곤 한다. 그러한 분쟁을 미리 방지하기 위해 입주 당일 시설물 체크서를 작성하고 집 내부 사진을 찍어 보관하는 서비스를 제공하고 있다.

이렇듯 하자로 인한 분쟁을 미연에 방지할 뿐만 아니라 보수·수리 업체를 선정해 빠르게 문제를 해결할 수 있도록 돕는다.

주소(호실)	현대썬앤빌 서초		000호		
시설물	상태	비고	시설물	상태	비고
창문			침대		
붙박이장			책상		
에어컨			책상의자		
냉장고			TV		
냉동고			책꽂이		
환풍기			전자레인지		
조명기기			밥솥(통)		
바닥			현관문도어락		
벽지			카드키		
싱크대			빨래건조대		
싱크대선반			리모컨		
신발장			세탁기		
인덕션			WIFI공유기		
비데			쿡TV셋탑박스		
변기			소화기		
세면대					

상기 물품을 확인합니다.   (보관용)

썬앤빌관리실 : 2층 직접 방문하여 입주자카드 작성
하자접수 TEL: 02-000-0000
*주차 : 월**50,000원** (기계식주차) 대형 및 SUV차량 불가
*관리비 및 가스비 납부안내 : 관리비고지서24일, 가스비고지서15일 우편함 확인
*인터넷 및 TV비용 : 월**14,500원** (관리비고지서에 포함 청구)

내부시설 파손 및 분실 시 임차인은 이를 변상하여야 한다.
흡연 및 애완동물사육 금지사항이며, 이를 어길 시 전체도배비 및 바닥수리비(바닥 찍힘 등 손상) 가 청구됩니다.

20   년   월   일

확인자	(인)

(3) 손해배상 청구

퇴실일이 되면 가장 분쟁이 두드러진다. 집에서 애완동물을 사육했거나 담배를 피우는 등으로 집 내부가 훼손되었을 경우, 다음 입주자에게도 입주에 차질이 생길뿐더러 집주인의 손해도 크기 때문이다.

계약서에 원상복구에 관한 내용을 더욱 정확하게 기재하고 입주 시에 시설물 체크 서로 쌍방이 명확하게 확인을 한다면 손해배상 청구

에 있어 분쟁으로 소비되는 시간과 에너지를 줄일 수 있다. 또한, 원상복구 가이드라인을 제공해 체계적인 시설물관리가 가능하다.

퇴거 시 원상회복을 위한 가이드라인 안내입니다.

구분	내용	금액	(주)에스엔디파트너스	임차인
벽체	•TV, 냉장고 등의 후방 벽면의 검은 얼룩 (전자파로 인한 얼룩) •자연채광에 의한 벽지의 변색	-	●	-
	•벽체에 타공한 구멍 및 흔적(압정/핀/못/나사 자국)	별도 견적	-	●
	•벽체에 포스터나 그림, 스티커 부착으로 인한 외부 손상	별도 견적	-	●
	•실내에서의 흡연으로 인한 담배 그을음 흔적	별도 견적	-	●
	•입주자가 결로를 방치하여 발생한 곰팡이 흔적	별도 견적	-	●
	•음주류 및 음식물의 파편 흔적	별도 견적	-	●
바닥	•일조에 의한 바닥의 발색	-	●	-
	•입주자의 부주의로 인한 바닥의 손상(스크래치)	별도 견적	-	●
창호	•천재지변으로 인한 파손 •구조적인 결함에 의한 방충망의 균열	-	●	-
	•강한 압력으로 발생한 창호 부속품의 파손	별도 견적	-	●
	•실내에서의 흡연으로 인해 발생한 구멍 및 흔적	별도 견적	-	●
설비	•연수 경과에 따른 설비 및 기기의 고장(사용상 고장 해당 없음) •연수 경과에 따른 설비 및 기기의 관리(지정된 기간의 에어컨 클리닝 등)	-	●	-
	•일상의 부적절한 관리 또는 사용법 위반에 의한 설비의 훼손	별도 견적	-	●
기타	•제공되는 빌트인 가전제품 및 제공물품의 파손/분실분 일체	별도 견적	-	●
	•제공되는 침대 및 린넨의 혈흔 자국 세탁비용 일체	별도 견적	-	●
	•금지된 애완동물 반입으로 인한 소독비용 및 파손/손상분 일체	별도 견적	-	●
분실/파손	•출입 카드키 분실	16,500원 (1장당)	-	●
	•화장실 유리선반 파손	120,000원	-	●
	•TV 액정 파손	800,000원	-	●

출처: 어반플레이스 강남(URBAN PLACE)

3

오피스텔
계약하기

나의 첫 신축 오피스텔 입주장사

입주 안내문은 분양 잔금일로부터 약 한 달 전 분양자에게 발송된다. 중도금 대출 은행별 연락처와 지정된 법무사, 등기 접수할 때 필요한 서류 등의 정보를 비롯해 정확한 잔금 입주일을 알려준다. 이미 건축 공고가 나기 약 3달 전부터 전략적인 광고 마케팅을 통해 어느 정도 수요층과 공동중개망의 협조를 확보해두면 신축 오픈 시작과 동시에 밀려드는 계약 일정을 비교적 원활하게 맞이할 수 있다.

각 호실의 임대는 임대인이 원하는 조건에 맞게 전세, 반전세, 월세, 단기 임대 등 다양하게 계약을 진행하게 된다. 보통 공급량이 한꺼번에 풀리기 때문에 첫 임대 시에는 하한가에 임대계약이 체결된다. 나의 경우 오피스텔 한 채 약 180세대를 한 달여 만에 계약을 성사시켰고, 이 때문에 계약 일정을 살인적으로 이행해야만 했지만, 신속하고 명확하게 잔금 입주까지 처리할 수 있었다.

(1) 신축 첫 입주 계약, 신속하고 정확하게

대부분의 계약과 입주는 점심시간 경에 몰린다. 그래서 시간 분배를 못 하면 계약자들에게 시간적 손해뿐만이 아니라 중개 사고로 인한 비용적 손해를 끼칠 수 있다. 계약 스케줄 분배는 실로 중요하지 않을 수 없다.

신축 잔금을 처리하는 일은 일반 임대계약과는 차원이 다르다. 분양 잔금을 납부하는 동시에 등기접수를 확인하고 임대계약을 체결하기 때문이다. 이미 등기가 난 일반 임대보다 계약하기에 앞서 체크해야 할 부분이 적어도 3개 이상은 늘어나는 것이다.

(2) 신축 입주는 양측 모두 서툴다

신축, 말 그대로 임대인도 임차인도 처음 겪는 일이다. 들어본 적도 없는 신탁사, 시행사, 등기접수, 영수증 확인 등 복잡한 서류 확인이 계속되면 고객은 오로지 부동산 중개인만을 의지하고 '알아서 해주세요'라고 말하게 된다. 등기부등본등기사항전부증명서: 임대인 명의를 확인할 수 있는 서류도 나오지 않은 매물을 계약하는데 임차인은 당연히 불안할 수밖에 없다. 임대인 또한 분양 잔금과 등기접수, 임대사업자 선택 등을 동시에 처리하기에 우왕좌왕할 수밖에 없다. 서툴수록 의심은 늘어나는 법이다. 그들의 시각에 맞춰 간결하게 설명해주고 신뢰를 줄 수 있어야 일을 편하게 할 수 있다.

(3) 계약한 건당 한 무더기의 사람들

강남권 신축 소형 오피스텔을 통째로 전속 임대계약하면서 가장 흥미로웠던 점은 대부분 입주자가 학생이었기 때문에 가족 단위로 사무실을 찾았다는 점이다. 한 호실을 계약을 진행하게 되면 3명~5명을 데리고 집을 왔다 갔다 해야만 했다. 심지어 어머님, 아버님, 따님, 아드님 등 할 것 없이 수시로 전화해 질문을 쏟아내기도 했다. 하물며 공동중개인과 협력해 이뤄낸 계약일 경우에는 또 하나의 질문자가 추가됐다.

그래도 공동중개인이 협력하는 계약은 조금 더 수월했다. 분양자인 임대인이 잔금 완료 확인과 은행 대출 건 확인, 등기접수 확인 등을 완료하면 공동중개인 한 명에게만 통보해주어도 됐다. 그 공동중개인은 고객에게 정확한 임대계약을 위한 처리가 완료되었다고 확인해드리고 입주 과정을 도와주며 안심하고 계약을 마무리할 수 있었다.

(4) 멤버끼리 공유되는 구글캘린더(Google Calendar) 활용

스마트한 시대, 우리는 휴대전화를 최대한 활용하기로 했다. 수시로 체결되는 계약계약 확정의 의미로 가계약금을 임대인 계좌로 입금하는 형식을 그때그때 기재해두지 않아 잊어버리면 큰일이다. 그렇다고 종이에 적고 다니다 종이를 잃어버리면 낭패다. 전쟁터를 방불케 하는 신축 입주 장사 시장에서는 실시간으로 정신없이 매물이 계약된다.

그래서 온라인으로 기입하는 그 즉시 부동산 멤버끼리 확인할 수 있는 구글 캘린더를 활용했다. 시간별 계약 스케줄과 세부내용을 적어 넣었다. 전세나 분양권 전매계약이 있을 때 확인해야 할 사항이 많기 때문에 처리하는 데 긴 시간이 필요하다. 이 때문에 계약을 은행 업무 시간대4시 이전와 평일로 몰아넣었다. 주말, 공휴일에 중개 사고가 가장 많이 생기기 때문이다.

구글 캘린더에 내용을 적어넣으면 어느 호실이 바로 계약이 되었는지, 계약금은 얼마가 들어갔는지, 계약서 작성 일정과 입주 예정일 등의 정보를 그 즉시 공유할 수 있다. 아직 계약되지 않은 호실을 체크하는 시간까지도 단축할 수 있다.

세입자가 왕인 시대, 정말 온다

이전의 강남권에는 매물이 없어서 계약을 못 하는 경우가 많았다. 강남으로 이주하려는 고객은 차고 넘치는데 매물은 턱없이 부족했다. 특히 강남권 소형 오피스텔은 한번 입주한 후 1년 만기마다 재연장을 해서 사는 경우도 허다했다.

그러나 약 5년 전부터 강남역 인근으로 소형 오피스텔이 곳곳에 들어서기 시작했고 공급량은 급격하게 늘어갔다. 물론 급격히 늘어난 공급량만큼 임대 수요도 충분했기에 강남권 소형 오피스텔의 수익률은 지속해서 좋은 편이었다. 은행 이자율도 낮아지면서 소형 오피스텔 투자자들은 더욱 늘어갔고 소형 오피스텔을 비롯해 호텔형 레지던스 분양까지 그 인기는 여전히 고공행진 중이다.

참조 : https://land.naver.com

강남역 역세권을 중심으로 도보 10분 거리 내외에는 2018년 현재 약 1만 세대의 소형 오피스텔이 있다. 강남역에서 나오자마자 1분도 채 걷지 않아도 한 채당 약 500세대짜리 소형 오피스텔도 새로 들어섰다. 약 10년 차가 되어가는 구축도 상당히 많은 데다 신축 오피스텔이 즐비하니 공급량은 가히 폭발적으로 늘고 있음을 체감할 수 있다.

무엇이 경쟁력이 될 것인가. 집주인은 점차 공실 없이 빨리 거래를 성사시켜줄 수 있는 부동산 중개인을 선호할 것이다. 집을 구하는 고객의 입장에서는 다양한 매물의 장단점을 파악하고 고객에게 맞춤형 집을 추천해줄 수 있는 부동산 중개인을 선호할 것이다. 폭발적인 소형 오피스텔 공급량에 맞춰 부동산 중개인은 포지션에 맞는 대응 방안을 세워야만 하는데 먼저 '임대관리 부동산'의 입장에서 보기로 하자.

임대관리 부동산은 건물에 입점해 임대인을 중점적으로 관리하며 입주자의 문의사항에도 즉각 대처해줄 수 있는 매물 관리부동산을 일컫는다. 임대인은 공실이 나는 것을 두려워한다. 공급량이 폭발적으로 늘고 있으니 이전만큼 회전율이 좋지 않을 것임이 분명하다. 입주자가 만기가 되어 나간 후 한참이고 비워놓는다면 공실 기간 동안의 임대료도 발생하지 않고 관리비만 부담하게 되니 임대인에게 손해만을 안겨준다. 그렇기 때문에 임대관리 부동산은 공실률을 방지하기 위한 전략을 세워야 한다.

건물 내에서 관리하고 있는 매물에 대한 온라인·오프라인 광고를 기본으로 하되 공동중개인 유치를 위한 노력도 해야 한다. 다양한 집을 소개하는 고객관리 부동산은 고객을 위해 차량 픽업 서비스도 하며 비교적 넓은 지역의 집도 소개하는데 이들에게 좋은 조건의 집을 거래할 수 있도록 도움을 줄 수 있으면 좋다. 지속적인 정보 공유와 현황에 따라 금액을 조정해준다거나 기간을 조정해주는 등 좀 더 입주자 측에 맞는 세심한 서비스를 할 수 있어야 하겠다.

이번엔 '고객관리 부동산'의 입장에서 보도록 하자. 강남권 소형 오피스텔로만 한정해서 본다면 신축과 구축으로 나눌 수 있다. 신축은 깨끗하고 설치되어 있는 옵션도 깔끔하다. 반면 방 크기가 비교적 작은 편이다. 구축은 방 크기가 비교적 넓은 편이다. 반면 내부시설이 노후하다. 이렇듯 고객이 원하는 니즈에 맞춰 선별하되 매물의 장단점을 정확히 파악해 고객에게 맞춤 선택지를 제시할 수 있어야 한다.

매물은 넘쳐나도록 많고 다양한데 일일이 다 살펴볼 수는 없지 않은가. 핵심을 파악해 정확하고 빠르게 제시해주어야 고객도 부동산 중개인도 편하다.

중개인의 공유경제 '공동중개'

현재 강남역 10분 거리 내 소형 오피스텔만 해도 1만 세대에 육박한다고 한다. 소형 원룸을 제외한 원룸 원거실 구조, 투룸, 주상복합 아파트까지 포함한다면 그 개수는 상상을 초월할 정도다. 많은 고객이 묻곤 한다. "이렇게 많은 건물에 임차인이 다 있나요? 공실률은 어때요?"

강남 부동산 시장은 이름값을 한다. 공급 물량이 많은 만큼이나 다양한 경로로 수요가 채워진다. 대규모 학원들이 강남역에 밀집해 있고, 대기업의 직원 숙소 거래와 해외에서 유입되는 수요까지 더해 강남은 이름만큼이나 대단한 손님들이 줄을 선다.

이렇게 많은 건물, 다양한 손님들은 주로 부동산 중개소를 통해 계약을 하게 된다. 고객 중 대부분은 인근 부동산 중개소에 들러 매물을 직접 확인하거나 인터넷을 통해 시세정보를 파악한다.

강남권은 특히나 매물이 많고 다양해서 부동산 중개인도 모든 매물을 간파하기 쉽지 않다. 그래서 아주 유용하게 사용되고 있는 부동산 중개인의 매물정보 공유망인 '공실닷컴'이 있다. 중개인 간에 실시간 매물정보를 확인하는 인터넷 사이트다.

(1) 부동산 중개인의 협력

강남권의 부동산 중개인들은 정보공유망 공실닷컴을 통해 손님이 원하는 조건 가격, 내부시설, 전망, 위치 등을 확인하고 매물을 소개한다. 바로 옆 건물에서부터 역과 역을 넘나들며 다른 지역까지 공동중개망을 활용해 소개가 가능하다. 부동산 중개인 간에 소통도 원활해서 고객과 미팅하기 전 매물의 장단점을 파악하는 것뿐만 아니라 청소용역, 시설공사, 실무 정보 등 다양한 정보를 교류한다. 이러한 정보 공유망을 통해 '임대관리 중개인'과 '고객관리 중개인'은 더욱 고객에 집중해 맞춤형 중개서비스를 제공할 수 있다.

*임대관리 중개인: 임대인(집주인)을 중점적으로 관리하는 매물 관리부동산(관리 건물 내에 위치) 중개인을 일컫는다.

*고객관리 중개인: 광고를 통해 불특정 다수의 고객을 유치하고 광범위한 위치의 집을 소개하는 부동산 중개인을 일컫는다.

(2) 법인, 회사 숙소 중개인과 임대관리 중개인의 까닭 있는 만남

기업은 직원 숙소만을 전문적으로 구해주는 부동산 중개소가 지정되어 있다. 매 분기 구해야 할 숙소 단위가 600개 이상 된다고 하니 임대 금액과 거주자 니즈에 맞는 숙소를 지역별로 찾아내는 것만 해도 상당히 복잡한 일이다. 분기별로 밀려드는 직원분들의 숙소 제공을 위해 지정된 부동산 중개인은 지역별로 금액과 실거주자의 니즈

등에 맞춘 매물 리스트를 선별하고 고객과 약속 시간을 잡아 집을 보여준다.

그런 의미에서 부동산 중개인들의 공유경제인 공동중개는 없어서는 안 될 협력구조다. 이 많은 인원의 계약을 차질 없이 진행하기 위해서는 임대관리 중개인이 큰 도움이 된다. 이들은 우선 현재 거주하고 있는 임차인과 시간을 조정해 차질 없이 집을 보여주고 입주일, 계약 일정 또한 조정해준다. 회사 측이 계약을 확정하면 임대인과 협의 사항을 조정하고 명확하게 계약을 진행하며, 입주 시에는 시설물 하자 유무를 체크해주는 등 생활상 문의 사항에도 즉각 대처가 가능하기 때문이다.

고객관리 중개인인 기업 숙소 전담 측은 더욱 다양하고 좋은 매물 리스트를 확보해 제안해줄 수 있다. 고객이 입주한 후에도 임대관리 부동산 측에서 입주자의 각종 문의 사항과 요구 사항 등을 수월하게 대처해주기까지 하니 만족스러운 중개서비스를 제공할 수 있다.

임대관리 중개인인 매물 관리부동산에서는 공실 없이 빠르게 임대 계약 체결을 도와주고 기업과 계약을 체결하기에 임대인에게 만족스러운 수익률과 중개서비스를 제공할 수 있다.

강남 오피스텔 완판녀, 중개업 특급 전략

(3) 배울 점이 많은 고객관리 중개인

강남권은 중개인 간의 협력구조가 아주 탄탄하다. 매물이 접수되는 즉시 부동산 중개인 공유망에 광고를 게재하면 재빠르게 손님을 모시고 온다. 이들 '고객관리 중개인'은 온라인 광고매체에 투자를 많이 하는 편인데 불특정 다수의 고객을 유치해야 하기 때문에 투자금의 단위는 상상 이상인 경우가 허다하다. 그렇기에 고객 유치 능력이 뛰어나고 고객을 위한 서비스 수준도 높은 편이다. 온전히 고객의 입장에 서서 금액을 조정해주거나 요구 사항을 맞춰주는 등 친구, 가족처럼 편안하게 리드한다.

건물 전체를 빠르게 계약하는 특급전략

(1) 공동중개 활용

앞서 말했듯이 강남권은 특히나 부동산 중개인들의 '공동중개'가 활발한 지역이다. 손님을 보유한 부동산 중개인과 매물을 보유한 부동산 중개인이 협력해 공동으로 거래를 성사하는 방식인데 이를 통해 거래를 빠르게 성사할 수 있다.

신축 오피스텔이 완공되면 약 200개의 호실 물량이 한꺼번에 풀리게 되면서 임대인들은 모두가 빨리 계약이 성사되기만을 기다리게 된다. 몇백 개의 매물이 쏟아지니 월세 금액을 올려 받기도 쉽지 않은 노릇이다. 그마저도 임대인을 설득하기가 어려울 때도 있으니 시세를 높게 받으려는 분들은 가장 늦게 거래가 성사되기도 한다.

완공된 지 한 달여 정도가 지나면 중도금 대출을 낀 임대인들은 다소 높은 중도금대출이자로 인해 더욱 마음이 다급해진다. 전세든 반전세든 빨리 빼달라며 매일이고 부동산 중개인에게 전화하는 상황이 벌어지기도 한다.

이러한 가운데 몇백 개의 매물을 한 달 만에 모두 맞출 수 있었던 특급전략 중 하나는는 공동중개의 활용이다. 강남권의 각지에 있는 중개사분들은 온라인 매물정보 공유망을 통해 본인이 보유하고 있는 매물 정보를 올린다. 급한 매물, 추천매물을 지정해 최상단에 노출시킬 수 있으며 일부 사례비를 지급하는 형식도 있어 급한 매물들을 최대한 빠르게 처리할 수 있다.

온라인뿐만 아니라 오프라인으로도 인근 부동산 중개인분들에게 문자나 팩스 전화 등으로 신축 특가임대임을 어필해 매물을 광고할 수 있다. 주변 지역 곳곳에서 많은 고객을 보유하고 있는 공동중개인은 빠르게 거래를 성사시켜줄 영웅과 다름없다.

(2) 온라인 광고 활용 : 네이버 부동산, 블로그

대한민국 대표 검색포털 네이버 그리고 역사가 오래된 부동산정보 사이트 등을 통한 실시간 매물정보 업로드는 매우 중요하다. 최근 오피스텔 임대를 알아보는 고객의 연령층이 낮아졌기 때문이다. 인터넷으로 먼저 금액 등을 확인하고 매물이 있는 것인지 확인할 목적으로 부동산으로 연락을 하는 추세다. 고객의 정보력도 상당히 강해졌다는 뜻이다. 그래서 갈수록 부동산 인터넷광고의 경쟁은 뜨겁다. 부동산 광고를 위한 스타트업 애플리케이션 서비스 등이 우후죽순 생겨나는 것도 그 이유일 것이다.

광고를 하게 될 경우 먼저 보유하고 있는 매물정보를 실시간으로 업로드해 최상단을 점유하는 것이 매우 중요하다. 네이버 부동산을 예로 든다면 오피스텔 건물 하나를 클릭하면 다양한 매물이 쭉 나열

되는데 최상 순위로 5개 이내에 자신이 등록한 매물이 노출되고 있어야 고객의 시야에 띈다.

인터넷광고는 고객이 클릭하고 부동산으로 전화가 와야 비로소 효과가 있는 것이기 때문에 네이버 부동산 등 광고매체에서 최상단 점유는 가장 신경 써야 할 부분이다. 최상단 점유를 통해 실시간으로 고객의 전화를 받게 되면 그다음은 부동산 중개인이 실력으로 고객을 부동산에 오게 해 계약을 성사시키면 된다.

다음으로 블로그 광고가 있는데 이 또한 여전히 중요하게 인식되고 있는 인터넷광고이다. 블로그는 금세 고객의 연락이 올 만큼 효과가 빠르지는 않다. 하지만 꾸준히 블로그를 올리다 보면 부동산업체의 신뢰도를 얻는 것뿐만 아니라 검색포털 내에서 검색했을 시 상단에 광고가 노출되어 투자 비용 없이 지속해서 고객의 문의 전화를 받을 수 있다.

이렇듯 네이버 부동산이나 기타 부동산 포털사이트의 효과가 좁고 빠르다면 블로그 광고는 넓고 다양한 효과를 가질 수 있다. 최근에는 블로그 광고 교육도 많고 올리는 방법도 간편해져서 하루에 약 30분에서 1시간 정도만 투자해 꾸준히 관리만 해도 큰 효과를 누릴 수 있다.

강남 오피스텔 완판녀, 중개업 특급 전략

(3) 발 빠른 소개, 원활한 계약 잔금 스케줄 조정

몇백 개의 물량을 한꺼번에 소화하기 위해서는 발 빠른 소개방식을 택하고 계약스케줄을 정리해두는 것이 중요하다. 수시로 다양한 고객의 니즈에 맞는 방을 보여주어야 하고 고객의 조건에 맞게 임대인을 설득하는 작업이 필요할 수도 있다. 전입신고, 월세 조정 여부, 사업자등록 여부 등을 임대인을 통해 미리 파악해둔 후 고객이 문의하는 즉시 방을 보여주고 계약을 해야 한다. 그리고 계약 일정을 원활하게 조정해야 하는데, 신축오피스텔 입주의 경우 일반적인 임대계약과는 차이가 있을 수 있기 때문이다.

신축오피스텔 계약 킬링 포인트

(1) 공동중개 활용

신축오피스텔은 한날한시에 총 세대수가 한꺼번에 입주자를 모집해야만 한다. 아무리 수요가 많은 강남이라 할지라도 한꺼번에 몰린 물량을 단번에 채워 넣기란 쉽지 않은 일이다. 하지만 각지에 있는 중개사가 보유하고 있는 고객들을 모시고 와준다면 단기간에도 완판할 수 있다.

'공실닷컴'중개인의 정보 공유망에 매물의 최저가, 급매물 등을 표기할 수 있어 각지에 있는 중개사들은 실시간으로 매물정보를 파악할 수 있다. 상황에 따라 손님을 모시고 와서 계약을 성사시킨 중개사에게 사례금을 지급하는 등 오피스텔 완판을 치게 도와줄 영웅들을 모시기 위한 전략도 필요하다.

(2) 계약과 잔금 스케줄 조정

공동중개 활용과 온라인 광고는 계약을 성사시키기까지의 핵심 단계라면 스케줄 조정은 중개 사고가 터지지 않게 꼼꼼하게 집어야 하는 뒤처리 단계이다. 신축오피스텔 거래는 일반적인 구축의 계약보다 더욱 신경 써야 하는 점이 있는데 그것은 분양자의 잔금납부와 등기 접수 확인이다.

신축오피스텔 계약의 경우 입주일에 분양자집주인의 분양 잔금 납부와 등기 접수를 동시에 처리하는 경우가 많다. 입주자가 전세이거나 반전세보증금이 높은 월세 계약일 경우 입주자에게 잔금을 받은 후 집주인은 분양 잔금을 치르는 경우가 있어 마지막 등기접수까지의 서류 확인을 입주자에게 정확히 확인시켜줘야 한다.

또한, 큰 금액이 오가는 계약은 은행 업무가 가능한 평일 오후 4시 이전으로 잡아야 하는데 이러한 계약이 4~5건씩 겹칠 수 있기 때문에 스케줄 배분은 정말 중요한 일이다.

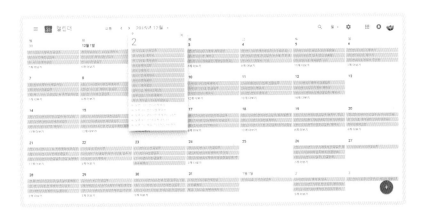

구글 캘린더를 통해 실시간 계약 일정을 기입하고 즉시 인터넷으로 동기화되기 때문에 함께 일하는 동료와 상호 확인이 가능하다. 몇 호가 계약되었는지, 언제 계약서를 작성하고 잔금을 치르는지 등 계약 일정을 실시간으로 공유할 수 있다.

이를 통해 갑작스럽게 밀려드는 계약 일정에도 즉시 계약할 수 있는 호실을 안내할 수 있고 전세 또는 전매 등 다소 체크해야 할 것이 많은 계약 일정을 피해서 새로운 계약 일정을 배치할 수 있다.

(3) 온라인 광고

신축 오피스텔 입주 시작으로부터 약 2달 전부터 온라인 광고와 블로그 포스팅을 시작하도록 한다. 신규 오픈을 앞둔 오피스텔의 호실 내부 사진, 시설물 소개 등 리뷰 형식의 내용을 꾸준히 블로깅하면 신규 오픈 즈음부터 해당 오피스텔 검색어 최상 순위를 점유할 수 있다. 최상 순위를 점유하면 고객의 전화량이 늘어날 수밖에 없다.

또한, 네이버부동산과 기타 부동산 관련 매체를 통해 전월세, 매매 등 다양한 조건의 매물을 홍보하고 고객의 전화와 방문을 유도한다. 분양권 상태의 매물도 광고를 올릴 수 있으니 오피스텔 신규오픈전 광고 물밑작업은 필수다.

신축오피스텔 분양 잔금 절차

계약자 확인	▶	1. 분양대금 완납 확인 2. 중도금 대출 상환 또는 　담보 대출 전환 확인	▶	취득세 신고 납부 및 소유권이전등기

1) 계약자 확인

신축오피스텔의 경우 등기부등본등기사항전부증명서로 집주인을 확인할 수 없는 상태이기 때문에 분양계약서를 통해 실제 분양권자인지 확인이 가능하다. 분양계약서상 본인이 맞는지 신분증 등을 통해 확인한 후 계약서 작성을 한다.

2) 중도금 대출 상환 또는 담보대출 전환 확인

강남권 신축오피스텔의 경우 통상적으로 60%의 중도금 대출이 가능한 형태로 분양한다. 중도금 대출은 분양 잔금일이 되면 상환을 하거나 다른 은행을 통해 담보대출 전환을 하게 된다. 이러한 중도금 대출건이 정리된 후 분양 잔금을 납부함으로써 등기접수와 입주를 할 수 있다.

3) 취득세 신고와 소유권이전등기

분양자는 분양 잔금일을 앞두고 사업자등록을 어떤 것으로 할지 선택해야 한다. 이전에는 신규오피스텔의 경우 통상적으로 '일반사업자'를 내야 했지만 최근에는 '주택임대사업자'를 냄으로써 취득세 면제 혜택을 볼 수 있다. 또한, 입주자가 전입신고를 할 수 있어 입주자 모집에 도움이 되기도 한다.

일반사업자와 주택임대사업자는 각각 장단점이 있기 때문에 임대사업의 용도와 목적에 맞게 선택해야 한다. 중도금 대출과 분양 잔금이 완납되면 취득세 신고와 소유권이전등기를 접수함으로써 모든 절차가 완료된다.

신축오피스텔 계약 체크리스트

신축오피스텔 임대계약을 진행할 때에는 일반적인 구축건물 계약과는 다르게 필수적으로 확인시켜야 할 부분이 있다.

(1) 서류검토 - 분양자 본인 확인 필수

신축오피스텔은 아직 소유권이전등기하기 전 상태이기 때문에 등기부등본등기사항전부증명서를 확인할 수 없다. 그러므로 분양계약서 원본과 분양자 본인 확인은 필수사항이다.

(2) 입주일 분양 잔금 납입과 등기접수 확인 필수

분양권자의 중도금 대출 상환과 전환, 그리고 분양 잔금 납입이 완료되어야 입주가 가능하다. 임대계약 체결 후 입주자의 임대계약 잔금과 집주인인 분양권자의 잔금을 동시에 치르는 경우가 많은데 순서대로 차근차근 확인시키도록 한다. 양측 금액납부가 완료되면 입주절차를 밟은 후 지정 법무사와 소유권이전등기 신청접수까지 마친다.

(3) 입주자 전입신고와 분양자 대출전환 사전체크 필수

최근 신축오피스텔의 경우 '주택임대사업자'를 내는 추세다. 이를 통해 입주자는 호실에 전입신고를 할 수 있다. 하지만 집주인 즉 분양권자가 중도금대출 전환을 하는 경우 은행에서 대출을 먼저 일으켜야 하기 때문에 입주자의 전입신고가 미뤄져야 한다. 자칫 은행대출보다

입주자의 전입신고가 선순위가 되어 대출이 실행되지 않을 수 있기 때문이다.

신축오피스텔의 경우 임대계약의 잔금과 분양 잔금을 동시에 치르는 경우가 많기 때문에 중도금 대출전환 시 특별히 임차인 전입신고에 대해서는 양측에 확실히 인지시켜야 한다.

PART 3

주택 임대관리업이란 임차인 모집, 임대료 징수, 주택 유지 보수 등 임대주택 관리에 관한 종합 서비스를 제공하는 일이다. 회사는 위탁받은 임대주택의 시설과 설비의 관리 업무를 비롯해 입주자와 임차인의 모집, 임대료 징수, 정산 관리 등의 일을 수행하게 된다.

우리나라에서 만개한 시장은 아니지만, 일본에서는 40년 전부터 이 시장이 계속 커왔다. 레오팔레스21, 다이토겐타쿠, 대동건탁 등은 수십만 채를 관리하는 임대주택 전문 관리회사라고 할 수 있다. 특히 레오팔레스21의 경우 임차인이 편리하게 서비스를 이용할 수 있도록 월 단위 계약단기계약과 임대계약장기계약으로 나누어 맞춤 서비스를 제공한다.

현재 국내 부동산 시장에서 임대주택 시장은 도입기를 맞이하고 있으며 빠르게 성장할 것을 예상한다. 중개업이 기반이 되고 있는 주택임대관리업은 시장에 빠르게 진입할수록 거머쥘 이윤이 커질 것이다.

1

일본의
부동산 시장 흐름

임대관리업의 폭발적 성장을 주목하라

1990년, 일본 부동산 시장에는 버블 붕괴라는 대형 악재가 밀려들었다. 이전까지는 부동산을 소유하고 중·장기 보유한 뒤 시세차익 매매를 노리는 차익형 투자가 주를 이루었다. 하지만 부동산 버블 붕괴 이후 자산 가치 하락에 따른 손실이 불어나기 시작했다.

게다가 부동산 사업자들이 부동산 보유세, 상속세 등 관련 세금을 지속적으로 내야 했다. 그들은 사업모델을 바꾸기 시작했다. 보유한 토지를 활용해 안정적 소득을 창출하고자 한 것이다. 부동산 시장의 이윤 창출 방식이 '자산 이득 형태'에서 '운영 이득 형태'로의 전환을 맞게 됐다. 이에 따라 수익형 부동산 투자인 주택임대사업과 임대주택관리사업이 성장하기 시작했다.

일본의 부동산 문화로 정착하다

1990년대에 들어 전 세계적으로 1인 가구 및 핵가족의 증가, 저출산, 고령화가 사회구조 변화의 거대한 축이 되어갔다. 더군다나 일본에서는 국내보다 20년 전부터 이런 변화가 앞서 진행됐다. 주택임대사업으로의 트렌드 변화는 버블 붕괴와 더불어 이런 사회적 흐름에 따른 자연스러운 결과였다.

2008년 임대주택 현황 집계 자료에 따르면 민간인이 보유한 임대주택은 총 1,337만 호였다. 이 중 임대인이 직접 임대주택관리를 하는 경우가 602만 호였고, 임대주택관리 회사에 맡긴 경우가 735만 호였다. 민간인 임대주택의 과반수를 전문관리업체가 관리하는 것이다.

2015년 기준으로 일본 내 임대주택관리업을 등록한 업체는 총 3,936개였다. 등록하지 않고 소규모로 관리업체를 하는 경우까지 더하면 등록 업체 수는 2배 이상이 될 것으로 추산할 수 있다.

일본이 임대주택 분야에서 선진국으로 인정받는 이유는 임대주택 시장과 이를 체계적으로 관리하는 임대주택관리 시장이 서로 유기적으로 공생하고 있기 때문이기도 하지만, 이를 바탕으로 다양한 상품 개발 시도가 이루어졌기 때문이기도 하다.

예를 들자면 고령화 인구 증가로 인한 맞춤형 실버임대주택 개발, 1~2인 가구에 맞는 커뮤니티형 임대주택 개발 등을 들 수 있다. 그뿐만이 아니다. 요식업이나, 저가 공산품 시장에서 주로 쓰였던 쿠폰할인권, 혜택 제공권 등을 임대주택, 임대주택관리 시장에도 도입해 장기적인 우량 임차인 유치에 활용하고 있다.

국내 인구형태와 부동산 시장의 흐름은 일본과 10~20년 정도의 시간 차가 있다. 현재 국내 부동산 시장에서 임대주택관리 시장은 도입기와 성장기까지 진행됐다. 본격적인 임대주택관리 시장의 성장기가 다가올수록, 시장에 더 빠르게 진입할수록 거머쥘 이윤은 커질 것이다.[1]

---

1) 부동산X파일, 〈기업형 주택관리와 임대관리〉, 2016.01.10 참조.

2

일본의
부동산 기업 동향

일본 부동산 기업들의 구체적인 변화와 사업 강화 부문은 다음과 같다.

가. 핵심 동향 체크

① 부동산 종합자산관리 사업 확대 : 개발 부동산을 직접 보유해 운영한다.

② 임대 토지를 개발, 신탁, 운영 : 토지 매입 개발 방식을 바꾼다.

③ 부동산 증권화 제도 활용 : 자금조달 방식의 변화를 꾀하고 비자산 사업을 강화한다.

④ 자산 리모델링 전략을 강화 : 부실 자산 매입한 후 그 가치를 향상해 재판매한다.

이러한 기업들의 부동산 사업 전략 변화에 따라 일본의 주택임대관리 시장은 다이토켄타쿠, 레오팔레스21 등 민간 기업을 중심으로 재편될 수 있었다.

놀라운 것은 일본의 임대주택관리 시장에서 약 1%에 해당하는 상위 15개 대형 기업형 임대주택관리업체가 전체 임대주택 호수의 4분의 1 이상을 점유하고 있다는 것이다. 그중에서도 상위 5개 업체가 전체 민간임대주택 호수의 약 20%를 점유하고 있다.

그렇다면 이제 대표적인 기업형 임대관리회사의 현황에 대해 알아보자.

나. 다이토켄다쿠

다이토켄타쿠는 1974년 6월 나고야시 치구사 구에 임대주택 건설을 목적으로 대동산업주식회사로 설립되었으며 현재 일본 임대주택 관리호수는 업계 1위다. 주로 자사가 건축한 임대주택을 소유자로부터 임차하여 입주자모집과 건물관리를 맡아 그 건물에서 발생한 일정 수익을 소유자에게 지불하는 수익보증형 서브리스를 전면적으로 시행하고 있다. 임대주택의 시공, 임차임 모집, 건물관리까지 총괄하여 진행하고 있다. 또한, 입주자들의 생활 스타일의 다양화에 대응하기 위해, 전국 네트워크를 통한 정보제공 채널을 확대해나가고 있다. 전국 대형상업시설 내 설치를 시작한 터치 판넬 검색기기를 시작으로, 스마트폰, 카탈로그 등을 통한 임대주택정보를 제공하고 있다. 전국 각지에 중개전문 조직과 그룹 임대중개점포 581개소를 보유하고 있으며 대동건탁관리 영업소가 전국에 195개소, 관리운영 조직이 전국에 1,546명이 있다.[2]

다. 레오팔레스21

1973년에 설립된 레오팔레스21는 2004년에 상장된 부동산기업이다. 최초 수도권에서 부동산 중개업을 운영했으나, 1985년 보증금이 없는 형태의 임대사업을 개시하면서부터 비약적인 발전을 했다. 최근

---

2) 김준환 《일본의 임대주택관리업》 이프레스 2013.11.20 참조.

재벌 계열의 종합부동산회사들인 미츠이 부동산, 스미토모 부동산, 도쿄 부동산을 넘어선 일본 내 1위 부동산 기업이다.

'Monthly 레오팔레스'는 월 단위로 사용할 수 있으며 종전의 보증금 등의 선불과 연대 보증인이 필요 없기 때문에 외국인 등으로부터 매우 인기가 높은 서비스다.

버블 붕괴 이후 기업들이 부동산의 소유와 경영을 분리하는 경향이 강해지면서 지주 공동 사업방식과 서브리스 방식이 크게 증가했는데, 레오팔레스21은 이들 사업을 중심으로 괄목할 만한 성장을 거뒀다.

소유와 경영의 분류라는 시대적 조류에도 어울리는 지주 공동 사업은 지주에게 메리트가 큰 사업이다. 레오팔레스21이 주로 활용하고 있는 서브리스 방식은 건물 소유자가 임대주택사업에 따르는 리스크나 수고 없이 장기간에 걸쳐 안정적인 수익을 확보할 수 있다.

2013년 레오팔레스21의 임대관리 호수는 546,204호에 이르며, 이중 도쿄를 중심으로 한 수도권의 물량이 전체의 약 6%, 오사카 주변역에 약 14%, 나고야 주변 지역에 약 16%로 전체의 약 70%를 3대 도시권 지역이 점유하고 있다.[3]

---

3) 부동산X파일, 〈기업형 주택관리와 임대관리〉, 2016.01.10 참조.

라. 세키스이하우스

1960년 자본금 1억 엔으로 세키스이하우스 산업 주식회사로 설립됐다. 1963년 플라스틱을 재료로 한 주택을 개발했지만, 원가문제로 포기하고 그후 철골과 플라스틱을 사용한 주택을 개발했다. 초기에는 세키스이하우스 공업이 대리점 형태로 판매했지만, 그후 주택 전시장을 오픈하고 직접 판매방식으로 전환했다.

2012년 판매호수 약 45,098호로 일본 내 1위, 매출은 1조 223억 엔으로 다이와공업 주식회사에 이어 2위에 랭크되있다. 주택 설계, 시공, 부동산 매매, 중개, 임대차 관리를 한다.

마. 미츠이 부동산

1960년 오리엔탈 랜드로 출발했고, 1969년 미츠이 부동산 주식회사가 됐다. 일본 최대의 부동산 회사 중 하나다. 수많은 오피스빌딩, 쇼핑센터, 아울렛몰, 호텔, 주택, 그리고 관련 회사인 오리엔탈 랜드가 운영하고 있는 도쿄 디즈니리조트 등 광범위한 분야에 걸쳐 사업을 전개하고 있는 일본의 대표적인 초대형 부동산 종합회사다. 임대사업을 지속적으로 확장하고 있다.[4]

---

4) 김준환 《일본의 임대주택관리업》 이프레스 2013.11.20 참조

3

일본의
임대관리 선두주자

사. 주택임대관리 문화를 퍼뜨리다

레오팔레스21이 일본 임대관리 시장을 휩쓸고 있다. 이러한 가운데 한국진출을 위해 합작 회사 '우리레오PMC'를 설립하고 몇 년 동안 한국시장을 파악하며 본격적인 사업 진행을 위한 준비를 하고 있다. 레오팔레스21의 미야마 회장은 한국시장도 가능성이 충분하다고 밝혔다. "일본에서 기업형 임대주택 문화가 정착된 것처럼 한국도 머지않아 이 문화가 정착될 것이라고 본다. 현 정부에서 추진하는 뉴스테이 정책이 마중물이 될 것이다."

그렇다면 레오팔레스21은 주택을 빌리는 임차인들에게 어떤 서비스를 제공하는 것일까? 제공하는 서비스는 다음과 같다.

① 먼슬리 계약 ② 임대계약

아. Monthly 계약 (월 단위 계약)

가구, 가전제품 등이 완비된 주택이다. 수도, 광열비도 포함되어 있다. 이사도 간편하다. 주로 학생이나 단기체류자들이 선호하는 서비스라고 할 수 있다. 이 서비스를 이용하려면 한 달 이상의 서비스 이용권을 구매해야 한다. 수개월 이상의 서비스 이용권을 구매한 고객의 경우 이용권을 다양한 방식으로 사용할 수 있다.[5]

---

5) 레오팔레스21 공식 홈페이지 참조

Monthly 계약월 단위계약의 이점은 다음과 같다.

① 보증금이 필요 없다.

② 가구 및 가전제품이 완비되어 있다.

③ 수도 및 광열비가 필요 없다.

④ 인터넷을 저렴하게 사용할 수 있다.

⑤ 연대보증인이 필요 없다.

⑥ 가장 짧게는 30일 계약부터 가능하다.

⑦ 안심하고 거주할 수 있도록 24시간 서비스센터를 운영한다.

⑧ 최대 3명까지 입주가 가능하다.

⑨ 화상 인터폰과 카드키를 활용한 보안서비스를 제공한다.

⑩ 주택 이용권을 달 기준으로 나눠 필요할 때마다 사용할 수 있다. 주택 변경도 가능하다.

자. 임대계약

일본에 장기간 체류할 계획을 세운 고객들이 찾는 서비스다. 장기간 체류하기 때문에 가전이나 가구를 완벽하게 갖춘 먼슬리 계약 서비스가 비용 측면에서 부담스러울 수도 있다. 이에 따라 주택에 제공되는 세부적인 서비스를 편의에 맞게 선택할 수 있다.

임대계약의 이점은 다음과 같다.

① 중개수수료가 필요 없다. 일본의 평균 중개수수료는 방값의 1개월분이다.

② 가구 및 가전제품이 포함된 방도 선택이 가능하다.

③ 인터넷을 저렴하게 사용할 수 있다.

④ 연대 보증인이 필요 없다.

⑤ 안심하고 거주할 수 있도록 24시간 서비스센터를 운영한다.

⑥ 최대 3명까지 입주가 가능하다.

⑦ 화상 인터폰과 카드키를 활용한 보안서비스를 제공한다.

Monthly 계약(월 단위 계약), 임대계약 쉽게 비교하기[6]

항목	내용	먼슬리 계약	임대 계약
보증금	대주(貸主)에게 보증금 ▶ 보증금이란	0엔	0엔 * 30㎡이상일 경우 방세 1개월분
사례금	대주(貸主)에게 사례금 ▶ 사례금이란	0엔	필요 * 건물에 따라 금액이 다릅니다
중계 수수료	물건 소개 할 때의 중계 수수료 ▶ 중계 수수료란	0엔	0엔
갱신료	대주(貸主)에게 갱신료 ▶ 갱신료란	0엔	16,200엔
심사	입주시의 심사	입주 심사	입주 심사 집세 보증 심사
퇴실시 청소비용	사전에 금액을 알고 있으니 납득 그리고 안심의 퇴실비용	1,620엔 (30일당)	27,540엔 ~ (세금포함) (기본 청소료)
가구 · 가전	입주시부터 가구 가전 표준 설치	있음 (전물건)	있음 · 없음 선택가능
수도 · 광열비	매월 수도 · 광열비	없음	실비 부담
인터넷	번거로운 공사 없이 인터넷을 이용, 비디오관람 및 CS채널도	매월 2,268엔 ※ADSL 또는 ISDN 회선인 아파트는 인터넷 이용료 무료	매월 2,268엔 ※ADSL 또는 ISDN 회선인 아파트는 인터넷 이용료 무료
복수 입주	룸쉐어 가능	3명까지 가능	2명까지 가능

---

6) 레오팔레스21 공식 홈페이지

강남 오피스텔 완판녀, 중개업 특급 전략

4

일본의
주요 임대관리 업무

주택임대관리 회사의 유형

일본에서는 주택임대관리업이 민간주택임대산업 발전에서 큰 역할을 해왔다. 일본 주택임대관리회사의 평균 자본금은 2억 5,000만 엔 수준이나 중위수나 최빈값으로는 1,000만 엔 수준으로 대부분 영세한 편이다. 또한 관리위탁형임대인을 단순 대리해 관리위탁이 57.7%, 서브리스임대인에게 임대료를 장기간 보장하는 형태 비중은 42.4% 수준이다.

주택임대관리업의 겸업 업종을 보면 택건업중개업이 전체의 98.3%로 가장 많았고, 그다음으로 건설업, 맨션관리업 등으로 되어 있다. 대다수 회사가 택건업중개업을 필수적으로 겸업하고 있다. 즉 중개업을 위주로 하는 회사가 80% 이상인 것이다.

상위 업체의 사업성을 분석해보자면 먼저 관리위탁형 사업이 중심인 회사 에이블, 하우스메이트, 미니테크 등이 있다. 반면 건설회사에서 출발한 경우 다이토켄타쿠, 세키수이하우스 등이 있다. 건설시공 기능을 가지고 있거나 관련 회사를 가지고 있는 경우로는 레오팔레스21, 스타츠, 다이와 리빙 등이 있다.

서브리스형 임대관리 회사는 일본 임대관리업에서 핵심적 회사군으로 자리 잡고 있다. 특히 시공기능을 가진 1~3위 업체들은 서브리스 의존도가 90%를 넘고 있다.

강남 오피스텔 완판녀, 중개업 특급 전략

관리회사	관리호수		관리회사 특징
	2015년	2006년	
大東建託	865,911	406,635 (1위)	건설회사 (임대주택사업 전업)
레오팔레스21	554,984	355,483 (3위)	건설회사 (임대주택사업 전업)
積水하우스	545,757	361,641 (2위)	건설회사 (하우스메이커 2위)
大和리빙	428,597	141,844 (7위)	건설회사 (하우스메이커 1위 다이와하우스 그룹 계열사)
스타츠	400,047	189,935 (4위)	종합부동산회사
에이블	230,189	128,157 (8위)	중개회사 (점포수 약 1,000개, 중개업 1위)
하우스메이트	189,992	152,269 (6위)	부동산회사 (사택 관리대행 부문 비중 높음)
東建코포레이션	188,423	73,608 (12위)	부동산회사
미니테크	172,912	162,024 (5위)	건설회사 (임대주택사업 전업)
학생정보센터	87,700	61,000 (13위)	학생 대상 임대주택 특화 (기획, 개발, 시공, 관리)

표 참조: 김찬호 선임연구위원 부동산 포커스 기획특집2 '주택임대관리업의 성장기반 마련을 위한 정책 방향' kab 부동산 연구원 한국감정원 2016.10.25

이 중 레오팔레스21은 1인용 소형 임대주택을 주력으로 공급해서 운영해왔고, 다이토켄타쿠는 가족용 중대형 임대주택을 주력으로 해왔다.

이렇듯 일본 주택임대관리업의 특성을 보면 참여하는 업체들이 관련 사업을 겸업하고 있다는 점이다. 그중 택건업 즉 중개업은 사실상 모든 회사가 겸업하는데, 이는 중개업이 임대관리업과 밀접히 연관되어 있기 때문이다.[7]

임대관리 업무

임대관리 업무는 크게 2가지로 나눌 수 있다. 첫 번째는 시설관리

업무Facility management: FM이다. 시설관리는 설비, 유지보수, 방범, 청소 등이 해당된다.

두 번째는 부동산 관리Property management: PM이다. 이 업무는 전반적 자산관리를 의미하는 것으로 입주자 모집, 마케팅, 계약체결, 입주자 대응, 임대료 책정 등이 있다. 임대관리의 주요 업무는 다음과 같다.

1) 입주자 모집 업무(계약 업무)

① 인근 수요현황 조사와 분석 후 입주자 모집 조건의 제안, 홍보한다.

② 자사 관리 부동산을 적극적으로 소개받을 수 있도록 부동산 중개 회사에 영업, 판촉 활동을 실시한다.

③ 실내 시설의 리노베이션 가치와 공용 부분의 보수를 제안한다.

④ 중요 사항 설명서나 임대차 계약서의 작성한다.

2) 임대관리 업무(임대관리, 갱신관리, 해약관리)

① 임대료 체납독촉과 입금 확인 업무

② 계약 종료의 통지와 갱신 시점에서 임대료 협상 등 계약 갱신 업무

③ 입주자 퇴거와 원상회복 등 해지 정산 업무

3) 정산업무 보고(보고 업무)

① 퇴실 정산서 등 정산 내역 보고

② 송금 명세서의 작성

③ 각 계약의 임대료 지불 결과 확인 업무[8]

---

7) 이상영, '민간주택 임대산업의 지속 가능한 발전전략,' 〈전환기 부동산정책의 새로운 방향 모색〉(KDI, 2013.01) 참조.
8) https://theredocs.com/knowledge/property_management

강남 오피스텔 완판녀, 중개업 특급 전략

PART 4

오피스텔
투   자
Q & A

오피스텔 투자 고객이 자주 묻는 질문을 통해 투자자들의 궁금증을 해소해보려 한다. 강남오피스텔은 크게 10년 차 구축과 3년 이내의 신축으로 구분할 수 있는데, 각각의 장단점과 수익률을 높이는 팁을 알아보자.

날이 갈수록 인기가 뜨거워지는 신축오피스텔 투자, 매입에서부터 분양 잔금을 치르고 임차인 모집하기까지의 과정을 나열해보았다. 마지막으로 부동산 투자, 관리에 유용한 사이트를 통해 더 편리하게 검토해볼 수 있다.

1

오피스텔 투자 고객이
자주 묻는 질문

Q. 공실률은 어때요?

강남오피스텔 투자자들이 빠짐없이 묻는 질문이 있다. 바로 공실의 유무다. 최근 들어 신축 분양오피스텔이 강남역 인근으로 대거 들어서면서 오피스텔 공급량은 더욱 늘고 있다. 하지만 신축 분양을 받게 된 분양자 즉 집주인은 모두 큰 기대감에 사로잡혀 있다.

역에서 단 몇 분 거리에 건설사도 확실하고 건축 자재도 좋기 때문에 임대 시세를 충분히 올려받을 수 있다고 확신에 가득 차 있다. 이는 첫 입주 시 한순간에 풀리는 임대물량을 간과한 시세일 뿐이다.

건물 한 채가 한날한시에 입주자를 모집해야만 하는 신축 첫 입주 기간에는 예상만치 나오지 않는 임대 시세에 집주인은 실망하기 일쑤다. 하지만 전혀 걱정할 필요 없다. 월세 시세가 기대치에 부응하지 못할 뿐 공실이 나진 않기 때문이다.

집에도 인연이 있듯이 다양한 조건, 시세에 맞춰 입주자는 들어오게 되어있다. 강남은 고급 손님들이 줄을 서는 곳이다. 원룸 오피스텔 월세만 100만 원이 육박해도 빈집 없이 수요가 채워진다. 공실률이 거의 없을 만큼 임대 회전율이 좋은 강남은 그만한 이유가 있는데, 크게 3가지로 나눠볼 수 있다.

첫 번째로 학생, 직장인 수요의 증가다.

강남역 인근으로 셀 수 없이 많은 학원이 즐비해 있다. 이 중 대학 입시를 준비하는 학원과 어학원 등 매년 꾸준히 학생 수요가 채워지고 있다. 또한, 회사 직원 숙소용도로 법인계약이 지속적으로 체결되고 있다. 교통과 교육 인프라의 중심 강남이기에 학생 수요의 증가로 부동산 임대사업에 또 다른 변화가 생겨나는 중이다.

두 번째로 전세, 반전세, 월세, 단기임대까지 다양한 조건의 임대방식이다.

먼저 강남권 오피스텔에는 전세, 반전세 등 다양한 조건으로 임대가 형성되어 있다. 일반적으로 보증금 1,000만 원에 월세계약이 있다면 보증금 3,000만 원 이상에 월세를 줄이는 방식과 전세 등을 찾는 임차인도 상당히 많다.

집주인의 입장에서는 추가적으로 아파트나 오피스텔을 투자하기 위해 기존의 오피스텔을 전세로 돌리는 경우도 많은데 이 경우 오피스텔 매매가의 80% 가까이 전세가를 받을 수 있기 때문에 목돈을 사용하기에 유리하다. 임차인에게는 월세를 아낄 수 있어 편하고 집주인에게는 목돈을 활용할 수 있어 편한 반전세, 전세임대 방식은 여전히 인기가 뜨겁다.

세 번째로 부동산 공동중개 활성화다.

강남권에는 특히 부동산 공동중개가 활성화되어 있다. 부동산 중개사들끼리 네트워크가 형성되어 있어 부동산 매물을 빠르게 거래해 나갈 수 있다. 예를 들어, 집주인이 해당 건물 안에 있는 부동산 한군데에 매물을 접수했다 치면 접수된 부동산에서는 광고를 해서 다른 지역의 부동산 중개사가 모시고 온 손님을 거래할 수 있다.

이렇게 두 부동산이 공동으로 협력해 계약을 체결하면 집주인 측 부동산은 집주인 측에서 수수료를 받고 입주자 측 부동산은 입주자 측에서 수수료를 받는다. 예전처럼 한군데 부동산에서 손님이 맞춰질 때까지 무한정 기다리는 것과는 차원이 다르다. 광고시스템과 부동산 중개사간의 네트워크를 통해 접수된 매물들이 실시간으로 거래되어나간다.

Q. 오피스텔 평형과 실평?

(1) 전용면적과 공용면적

계약면적

1) 전용면적

전용면적이란 우리가 실제로 거주하는 공간이다. 방, 거실, 주방, 화장실 등이 전용면적에 해당한다. 발코니나 베란다는 전용면적에 포함되지 않음을 유의해야 한다. 오피스텔 거래 시 등기부등본_{등기사항전부증명서}에서 전용면적을 확인할 수 있다.

2) 공용면적

공용면적이란 입주자들이 공동으로 사용하는 공간이다. 예를 들어 복도, 계단, 현관, 엘리베이터와 같이 공동으로 사용 되어지는 공간이다. 기타공용면적이란 주차장, 관리사무소 등의 공간을 말한다.

3) 계약면적

계약면적은 전용면적과 공용면적, 기타면적을 포함한다.

전용면적 + 공용면적 + 기타공용면적 = 계약면적

오피스텔 거래 시 평 단가는 계약면적으로 산정된다.

4) 전용률

전용률은 계약면적에서 전용면적이 차지하고 있는 비율을 뜻한다.

전용률 = 전용면적 / 계약면적

주거용 오피스텔의 경우 약 45~55%가 주거에 쾌적한 전용률로 알려져 있다. 전용률은 높을수록 좋은 것일까? 전용률이 높다는 것은 공용면적이 좁다고 해석할 수 있다.

오피스텔 한 채에는 평균적으로 100~200세대로 구성된다. 공용면적이 작아진다면 엘리베이터는 좁아질 것이고 또한 좁은 계단과 복도로 인해 답답하게 느껴질 것이다. 주차장 면적 또한 좁아지기 때문에 주차 문제로 얼굴 붉히는 일도 있을 수 있다. 따라서 적정한 전용률은 주거의 편의성을 높인다고 볼 수 있다.

오피스텔의 평균 전용률은 50~60%대이다.

전용면적	실거주 공간
+공용면적	공동으로 사용하는 공간(복도, 계단, 엘레베이터 등)
+기타공용면적	공동으로 사용하는 공간(주차장, 관리실 등)
=계약면적	

5) 제곱미터와 평으로 환산하기

평	제곱미터(㎡)
1평	3.305785㎡

제곱미터에서 평으로 환산할 때는 곱하기 0.3025이고 평에서 제곱미터로 환산할 때는 곱하기 3.3058이다.

Q. 투자 수익률 계산법?

임대수익률 계산법 이해하기

임대수입
월수입 * 12

−

지출
고정유동
재산세 수선비
이자 중개보수
취득세

÷

투입자금
매입금 −
(대출 + 보증금)

=

수익률
%

    오피스텔 투자 수익률은 대출 여부에 따라서 레버리지효과를 누릴 수 있는데 대출이자를 낮추고 임대수익금을 높인다면 최상의 수익률을 기대할 수 있다.

    최근 대출이자가 다소 높아지고 있지만 그럼에도 불구하고 강남오피스텔 매입 대출이 매매가의 70%가량 가능하고 임대수익이 안정적인 데다가 단기임대 수요보증금이 적고 월세가 높은 단기형태의 증가로 꾸준한 수익을 기대할 수 있다.

Q. 오피스텔 취득세?

오피스텔 취득세는?

신규로 오피스텔을 취득할 경우 4.6%의 취득세를 부담한다.
부가세 환급을 받기 위해서는 계약일로부터 20일 이내 관할세무서를
방문해 과세사업자 등록을 마쳐야 한다.

오피스텔 취득세의 경우 4.6%지만 이것은 사업자를 어떤 것으로
내느냐에 따라 달라질 수 있다. 오피스텔 일반사업자인 경우 취득세
4.6%를 내고 건물분의 부가가치세를 환급받는 형태이고 주택임대사
업자를 내는 신규분양처음 등기접수를 하는 것의 경우 취득세를 면제받을
수 있는 혜택이 있다.

주의할 점은 이미 등기접수를 한 후 임대사업을 영위하다가 주택임
대사업자로 전환할 시에는 취득세 면제 혜택을 받을 수 없다.

Q. 계약서 작성할 때 유용한 특약 사항

계약서 작성 시 특약 사항은 집주인과 임차인이 명확하게 확인해야 할 중요한 부분이다. 중요한 내용일수록 간결하게 정리해 넣는 것이 좋고 너무 많은 내용을 특약 사항 안에 기재할 필요는 없다.

계약서상 기본 특약 사항이 있으며 상황에 따라서 중요한 문구를 넣어주는 것이 중요한데 매매·전세·월세·분양권 매매 등으로 정리해 보았다.

매매 계약 시 특약 사항 예제

– 본 계약은 부가가치세법 시행령 제23조 규정에 의한 사업양도양수 계약이다.

– 계약일 현재 임차보증금 0000만 원, 월차임 000만 원, 부가가치세 별도이며 임차인 승계하고 잔금일 보증금 공제 후 잔금 지불하기로 한다.

– 현 시설 상태에서 매매 계약을 체결하며 매수인 건물 내외부 및 권리관계 확인함.

– 계약금은 위약벌의 성격으로 지불해 매도인 위약 시 계약금의 배액을 배상하고 매수인 위약 시 계약금을 몰수몰취하기로 하며 반환청구할 수 없음.

– 잔금 납부 시까지의 각종 공과금은 매도자 부담으로 한다.

– 본 특약 사항에 기재되지 않은 사항은 민법상 계약에 관한 규정과 부동산 매매 관례에 따른다.

위의 예제는 오피스텔 매매 특약 사항이다. 일반사업자인 오피스텔의 경우 통상적으로 부가가치세를 포괄 양도양수 하는 조건으로 매매하기 때문에 해당내용을 명확히 기재해야 한다. 단 주택임대사업자인 오피스텔의 경우는 그렇지 않다.

주택임대사업자인 오피스텔은 4년의 매매 제한규정과 과태료사항이 있으므로 해당 기간 내 매매 시 주택임대사업자간 포괄양도 양수 조건으로 진행해 작성하는 것이 좋다. 계약일 현재 임차관련 사항도 기재하는 것이 좋고 계약 위약에 관한 내용도 상호간 명확히 하는 것이 좋다.

전세 계약 시 특약 사항 예제

- 현 시설 상태의 계약이며 임차인은 기본시설물 훼손 시 원상복구 하기로 한다입주 시 시설물 체크서 첨부.
- 임대인은 임차인의 전세자금대출에 동의 및 협조하기로 한다.
- 본 호실 전입신고 및 확정일자가 가능하다.
- 임차인 퇴실 시 전세자금 대출금을 해당 대출은행으로 즉시 반환 하기로 한다.
- 관리비와 공과금은 입주일부터 임차인이 지불한다.
- 계약 기간 내 퇴실 시 중개수수료는 임차인이 부담한다.
- 기타 사항은 부동산관례에 따른다.

위의 예제는 오피스텔 전세 특약 사항이다. 최근 오피스텔 전세자금대출 고객이 늘면서 더욱 유의해야 하는 특약이 있다. 먼저 오피스텔은 전세자금대출이 승인되려면 주택 용도로 확인되어야 한다. 주택임대사업자를 냈거나 집주인이 주거용으로 승인해 전입신고가 가능하다면 임차인의 전세자금대출이 가능하다.

따라서 특약 사항에 전입신고, 확정일자가 가능함을 명시하고 전세 만기 시에는 대출은행으로 즉시 상환해야 함을 표기해야 한다. 또는 전세 만기 시 전세금을 반환은행으로 이체한다는 내용을 명시하는 것도 좋다.

오피스텔 전세 계약 시 전세금을 보장받기 위해 임차인 측에서 전세권설정을 요구하는 경우도 있다. 이러한 경우 임대인이 임차인의 전세권 설정함에 동의 및 협조한다는 내용을 기재하는 것이 좋다.

오피스텔 월세 계약서

임대인과 임차인 쌍방은 아래 표시 부동산에 관하여 다음 계약 내용과 같이 임대차계약을 체결한다.

1. 부동산의 표시

소 재 지	서울특별시 서초구 서초동 000-000 행복한 오피스텔 1동 101호						
토 지	지 목	대	면 적	531.3 ㎡	대지권비율	소유권	대지권비율 531.3분의3.970
건 물	구 조	철근콘크리트조	용 도	오피스텔		면 적	26.125 ㎡
임대할부분	101호 전체					면 적	26.125 ㎡

2. 계약내용

제 1조 [목적]위 부동산의 임대차에 한하여 임대인과 임차인은 합의에 의하여 임차보증금 및 차임을 아래와 같이 지불하기로 한다.

보 증 금	금 일천만(₩10,000,000)원정		
계 약 금	금 일백만(₩1,000,000)원정	은 계약시에 지불하고 영수함 ※영수자	(인)
1차중도금	금	은 년 월 일에 지불한다	
2차중도금	금	은 년 월 일에 지불한다	
잔 금	금 구백만(₩9,000,000)원정	은 2018년 10월 01일에 지불한다	
차 임	금 일백만(₩1,000,000)원정	은 매월 1일 (선불) 지불한다	

제2조 [존속기간] 임대인은 위 부동산을 임대차 목적대로 사용할 수 있는 상태로 2018년10월01일 까지 임차인에게 인도하며, 임대차 기간은 인도일로부터 2019년09월30일(12개월) 까지로 한다.

제3조 [용도변경 및 전대 등] 임차인은 임대인의 동의없이 위 부동산의 용도나 구조를 변경하거나 전대 임차권 양도 또는 담보제공을 하지 못하며 임대차 목적 이외의 용도로 사용할 수 없다.

제4조 [계약의 해지] 임차인의 차임연체액이 2기의 차임액에 달하거나 제3조를 위반하였을 때 임대인은 즉시 본 계약을 해지 할 수 있다.

제5조 [계약의 종료] 임대차계약이 종료된 경우 임차인은 위 부동산을 원상으로 회복하여 임대인에게 반환한다. 이러한 경우 임대인은 보증금을 임차인에게 반환하고, 연체임대료 또는 손해배상금액이 있을 때는 이들을 제하고 그 잔액을 반환한다.

제6조 [계약의 해제] 임차인이 임대인에게 중도금(중도금이 없을때는 잔금)을 지불하기 전까지, 임대인은 계약금의 배액을 상환 하고, 임차인은 계약금을 포기하고 이 계약을 해제할 수 있다.

제7조 [채무불이행과 손해배상의 예정] 임대인 또는 임차인이 본 계약상의 내용에 대하여 불이행이 있을경우 그 상대방은 불이행 한 자에 대하여 서면으로 최고하고 계약을 해제 할 수 있다. 이 경우 계약 당사자는 계약해제에 따른 손해배상을 각각 상대방에게 청구할 수 있으며, 손해배상에 대하여 별도의 약정이 없는 한 계약금을 손해배상의 기준으로 본다.

제8조 [중개보수] 개업공인중개사는 임대인과 임차인이 본 계약을 불이행 함으로 인한 책임을 지지 않는다. 또한 중개보수는 본 계약체결과 동시에 계약 당사자 쌍방이 각각 지불하며, 개업공인중개사의 고의나 과실없이 본 계약이 무효,취소 또는 해약 되어도 중개보수는 지급한다.공동중개인 경우에 임대인과 임차인은 자신이 중개 의뢰한 개업공인중개사에게 각각 중개보수를 지급한다.

제9조 [중개대상물확인설명서교부 등] 개업공인중개사는 중개대상물확인설명서를 작성하고 업무보증관계증서(공제증서 등) 사본을 첨부하여 계약체결과 동시에 거래당사자 쌍방에게 교부한다.

[특약사항]

1. 현 시설 상태의 계약이며 임차인은 기본시설물 훼손시 원상복구하기로 한다. 단 노후로 인한 고장 시 임대인이 수리해주기로 한다. (입주 시 시설물체크서 첨부 함)
2. 본 호실은 전입신고 및 확정일자가 가능하다.
3. 월임은 선불이며 관리비와 공과금은 입주일부터 임차인이 지불한다.
4. 계약기간내 퇴실시 중개수수료는 임차인이 부담한다.
5. 기타사항은 부동산관례에 따른다.
  임대인계좌: 00은행 000-00-0000

본 계약을 증명하기 위하여 계약 당사자가 이의 없음을 확인하고 각각 서명·날인한다. 2018년 09월 27일

임대인	주 소					(인)
	주민등록번호		전화		성명	
임차인	주 소					(인)
	주민등록번호		전화		성명	
개업공인중개사	사무소 소재지					
	사무소 명칭			대 표 자 명	서명및날인	(인)
	전화번호		등록번호	소속공인중개사	서명및날인	(인)

강남 오피스텔 완판녀, 중개업 특급 전략

월세 계약 시 특약 사항 예제

- 현 시설 상태의 계약이며 임차인은 기본시설물 훼손 시 원상복구 하기로 한다입주 시 시설물 체크서 첨부.
- 본 호실은 전입신고 및 확정일자가 가능하다.
- 월차임은 선불이며 관리비와 공과금은 입주일부터 임차인이 지불한다.
- 계약 기간 내 퇴실 시 중개수수료는 임차인이 부담한다.
- 기타 사항은 부동산관례에 따른다.

월세계약의 경우 시설물 훼손에 대한 기본 조항 외에 시설물 체크서를 따로 확인해 받아둔다면 상호 간 분쟁을 예방할 수 있다. 주택임대사업자이거나 주택 용도로 사용이 가능한 오피스텔의 경우 전입신고 가능 여부를 특약에 기재해두면 임차인이 동사무소에 가서 전입신고 등록할 때 편리하다.

해당 오피스텔이 일반사업자로서 업무 용도로 계약 시에는 월차임에 부가가치세 별도 납부해야 함과 임차인 무단 전입으로 인한 집주인의 손해 발생 시 책임소재 등을 명확히 기재해두는 것이 좋다.

2

강남오피스텔
구축과 신축

강남 오피스텔 구축과 신축 장단점

　강남역 인근 10평대 소형 오피스텔 매매로 한정해보았을 때 강남대로 라인으로 상당히 많은 수의 원룸형 오피스텔이 분포하고 있음을 쉽게 확인할 수 있다. 소형 원룸오피스텔의 매매가 분포는 1억 원 초반대부터 2억 원 후반대까지 다양하다.

　강남역을 기점으로 강남대로 라인에 소형·중소형 오피스텔이 다량 분포되어 있는데, 이는 크게 구축과 신축으로 나눠볼 수 있다. 먼저 건설된 지 10년 차가 넘은 것은 구축으로 구분하고 3년 이내의 것을 신축으로 구분하기로 한다.

참조: https://hogangnono.com

구축오피스텔의 치명적인 매력

구축오피스텔의 최대 장점은 단연 높은 전용률이다. 10년 차 구축 오피스텔의 경우 전용률이 70% 가까이 나오기 때문에 실제 사용되는 면적, 즉 전용면적이 상당히 넓은 편이다.

최근 강남역 인근에 지어지고 있는 신축오피스텔의 경우 전용률이 약 50%가량 나오는데, 예를 들면 12평형 오피스텔의 전용면적 6평인 셈이다. 구축오피스텔의 경우 대다수 실평 10~15평형대이다. 이렇듯 10년 차 구축오피스텔은 신축오피스텔에 비해 확연히 넓은 사이즈를 자랑한다.

구축오피스텔은 특히 가구나 짐이 비교적 많은 수요자층이 선호한다. 구축의 경우 강남역 인근으로 초창기부터 자리 잡았기 때문에 좋은 위치를 선점한 것은 물론 내부 사이즈가 넓고 채광 등이 좋은 편이라 임대 수요가 꾸준히 채워지고 있다.

반면 10년 차가 지나면서 하나둘 고장문제가 두드러지고 있어 오래된 보일러, 냉장고 등을 교체하기도 한다. 그러나 10년 차 매물도 충분히 깔끔하고 안전하게 관리되고 있는 편이다.

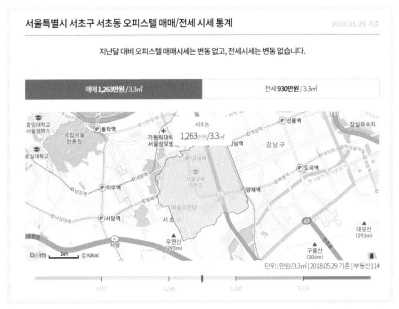

참조: http://www.r114.com

부동산114 통계에 따르면 2018년 5월 29일 기준으로 서초동 오피스텔의 평당 매매가는 1,263만 원이다.

강남역 인근 매매가 1억 후반대 구축오피스텔 수익률을 분석해보자. 투자 수익률 분석 틀은 부동산114 오피스텔 모의 투자 보고서를 활용했다.

10년 차 구축 매매가 1억 후반대
14평형 오피스텔 투자 수익률 분석

1) 대출 없이 매입하는 경우

해당 매물은 강남역에서 걸어서 5분 정도 거리에 위치해 학생, 직장인 수요가 꾸준히 채워지고 있다. 10년 차가 훨씬 지났음에도 불구하고 내부 시설 상태는 양호한 편이었고, 위치와 채광이 좋고 전망이 다소 트여 있는 편이었다.

해당 구축 오피스텔 매물 평당 매매가는 1,178만으로 저평가되어 있는 편이다. 매매가 1억 6,500만 원에 임차보증금 1,000만 원, 월세 70만 원을 받으면 대출 없이 매입했을 경우 5%대의 안정적 수익률을 거둘 수 있다.

N오피스텔			
전용면적(㎡)	24	계약면적(㎡)	45.44
매매가격	16,500만 원	대출금액	0만 원
보증금	1,000만 원	세금 (취득세, 중개보수)	842만 원
실제 투자액	16,342만 원	연간월세수입	840만 원
연간대출이자	0만 원	연간실질수익	840만 원
수익률(1년간)	5.14%	수익률(5년간)	26.82%

2) 대출 70% 끼고 매입하는 경우

위와 동일한 조건의 매물을 오피스텔사업자 대출 70%를 끼고 대출 금리3.47%로 매입할 경우 대출 레버리지효과로 수익률을 9%대까지 끌어올릴 수 있다. 대출이자가 상향될수록 투자 수익률은 낮아지는 점을 유의하도록 하자.

해당 매물은 대출을 끼면 현금 약 5,000만 원 투자금에 취득세, 중개 보수료 약 850만 원을 예상한다. 10년이 훨씬 넘은 구축오피스텔이지만 수익률로 따지면 참으로 쏠쏠한 매물이다.

N오피스텔			
전용면적(㎡)	24	계약면적(㎡)	45.44
매매가격	16,500만 원	대출금액	11,550만 원
보증금	1,000만 원	세금 (취득세, 중개보수)	842만 원
실제 투자액	4,792만 원	연간월세수입	840만 원
연간대출이자	401만 원	연간실질수익	439만 원
수익률(1년간)	9.17%	수익률(5년간)	20.50%

3) 대출 70% 끼고 단기임대로 계약할 경우

위와 동일한 조건의 매물을 오피스텔사업자 대출 70%를 끼고 대출금리 3.47%, 임차인이 단기임대 보증금 100만 원에 월세 100만 원으로 맞췄을 경우에는 14%대의 수익률을 거둘 수 있다. 물론 이는 짧게 거주하는 단기임대가 공실 없이 계약된다는 가정하의 수익률이다.

해당 오피스텔은 강남역에서 걸어서 5분 거리에 위치하기 때문에 단기임대 수요가 많은 편이다. 따라서 대출 끼고 현금 약 5,700만 원 투자금에 취득세, 중개보수료 약 850만 원 예상하고서 단기임대로 임차 콘셉트를 잡는다면 매우 높은 수익률을 거둘 수 있으리라 예상된다.

N오피스텔			
전용면적(㎡)	24	계약면적(㎡)	45.44
매매가격	16,500만 원	대출금액	11,550만 원
보증금	100만 원	세금 (취득세, 중개보수)	842만 원
실제 투자액	5,692만 원	연간월세수입	1,200만 원
연간대출이자	401만 원	연간실질수익	799만 원
수익률(1년간)	14.04%	수익률(5년간)	33.53%

이번에는 강남역 인근 매매가 3억 원의 구축 오피스텔 수익률을 분석해보자. 투자 수익률 분석 툴은 부동산114 오피스텔 모의 투자 보고서를 활용했다.

강남 오피스텔 완판녀, 중개업 특급 전략

10년 차 구축 매매가 3억 원대
27평형 오피스텔 투자 수익률 분석

1) 대출 없이 매입하는 경우

해당 매물은 강남역에서 걸어서 10분 정도 거리에 위치하고 아파트대단지와 마주 보는 위치로 비교적 조용하고 쾌적한 편이다. 또한, 본 매물은 실평 15평 세미분리형 구조로 신혼부부가 거주할 정도로 넓은 오피스텔에 속한다. 고급형 주상복합아파트 내에 위치한 오피스텔이며 지금까지 저평가되어 있었으나, 최근 인근 아파트단지 재건축 등의 호재로 인해 매매가가 빠르게 오르고 있다.

해당 구축 오피스텔 매물 평당 매매가는 1,100만 원대로 저평가되어 있는 편이다. 매매가 3억에 임차보증금 1,000만 원, 월세 110만 원을 받으면 대출 없이 매입했을 경우 4.32%의 수익률을 거둘 수 있다.

E오피스텔			
전용면적(㎡)	48.93	계약면적(㎡)	89.66
매매가격	30,000만 원	대출금액	0만 원
보증금	1,000만 원	세금 (취득세, 중개보수)	1,530만 원
실제 투자액	30,530만 원	연간월세수입	1,320만 원
연간대출이자	0만 원	연간실질수익	1,320만 원
수익률(1년간)	4.32%	수익률(5년간)	22.53%

2) 대출 70% 끼고 매입하는 경우

위와 동일한 조건의 매물을 오피스텔사업자 대출 70%를 끼고 대출 금리 3.47%로 매입할 경우 대출 레버리지효과로 수익률을 6.2%대까지 끌어올릴 수 있다. 대출이자가 상향될수록 투자 수익률은 낮아지는 점을 유의하도록 하자.

해당 매물은 대출을 끼면 현금 약 9,500만 원 투자금에 취득세, 중개보수료 약 1,530만 원을 예상한다. 해당 매물은 수익률로 따지면 무난한 편이지만 희소성과 시세차익을 목적으로 한다면 상당히 매력적인 매물이다.

E오피스텔			
전용면적(㎡)	48.93	계약면적(㎡)	89.66
매매가격	30,000만 원	대출금액	21,000만 원
보증금	1,000만 원	세금 (취득세, 중개보수)	1,530만 원
실제 투자액	9,530만 원	연간월세수입	1,320만 원
연간대출이자	729만 원	연간실질수익	591만 원
수익률(1년간)	6.20%	수익률(5년간)	14.36%

3) 대출 70% 끼고 단기임대로 계약할 경우

위와 동일한 조건의 매물을 오피스텔사업자 대출 70%를 끼고 대출 금리 3.47%, 임차인이 단기임대 보증금 200만 원에 월세 200만 원으로 맞췄을 경우에는 16%대의 수익률을 거둘 수 있다. 해당 매물은 기업 직원과 외국인 단기임대 수요가 꾸준해 내부 인테리어를 꾸민다면 최고가의 단기임대 수익을 거둘 수 있다.

대출 끼고 현금 약 1억 300만 원 투자금에 취득세, 중개 보수료 약 1,530만 원 예상하고서 고급형 단기임대로 콘셉트를 잡는다면 기존 임대수익률의 3배 이상 높은 수익률을 실현할 수 있다.

E오피스텔			
전용면적(㎡)	48.93	계약면적(㎡)	89.66
매매가격	30,000만 원	대출금액	21,000만 원
보증금	200만 원	세금 (취득세, 중개보수)	1,530만 원
실제 투자액	10,330만 원	연간월세수입	2,400만 원
연간대출이자	729만 원	연간실질수익	1,671만 원
수익률(1년간)	16.18%	수익률(5년간)	38.61%

신축 오피스텔의 치명적인 매력

신축 오피스텔의 최대 장점은 단연 깔끔함이다. 최신식 시설물과 깔끔한 내부 구조는 임대 수요자층으로부터 뜨거운 환영을 받는다. 실제로 신축 오피스텔이 첫 입주를 시작하면 수많은 입주예정자로 인해 빠른 시일 안에 임대가 채워지곤 한다.

신축 오피스텔은 하자 문제를 걱정할 필요가 없고 통상적으로 1년간 건설상 하자에 대해 무상 AS도 받을 수 있어 편리하다. 강남역 신축 오피스텔은 초역세권에 위치하거나 대형단지 형태로 들어서고 있어 공실률이 제로에 가깝다. 수요자층이 다양하고 많으며 임대조건도 매우 다양하다.

현재 초역세권에 위치한 신축 오피스텔의 경우 평당 매매가가 2,000만 원에 육박한다. 그럼 투자 수익률을 살펴보자.

강남 초역세권 신축 오피스텔 매매가
3억 16평형 투자 수익률 분석

1) 대출 없이 매입하는 경우

해당 매물은 강남역 초역세권에 위치해 학생, 직장인 수요가 꾸준히 채워지고 있다. 인근 학원가의 학생과 학부모 단기임대 수요로 인해 건물의 30%가량의 세대가 단기임대로 계약되고 있다.

해당 신축 오피스텔 평당 매매가는 1,900만 원에 육박하며 매매가 3억, 임차보증금 1,000만 원, 월세 110만 원을 받으면 대출 없이 매입했을 경우 4.32%대의 수익률을 거둘 수 있다.

G오피스텔			
전용면적(㎡)	24.63	계약면적(㎡)	52.47
매매가격	30,000만 원	대출금액	0만 원
보증금	1,000만 원	세금 (취득세, 중개보수)	1,530만 원
실제 투자액	30,530만 원	연간월세수입	1,320만 원
연간대출이자	0만 원	연간실질수익	1,320만 원
수익률(1년간)	4.32%	수익률(5년간)	22.53%

2) 대출 70% 끼고 매입하는 경우

위와 동일한 조건의 매물을 오피스텔사업자 대출 70%를 끼고 대출금리3.47%로 매입할 경우 대출 레버리지효과로 수익률을 6.2%대까지 끌어올릴 수 있다. 대출이자가 상향될수록 투자 수익률은 낮아지는 점을 유의하도록 하자.

해당 매물은 대출을 끼면 현금 약 9,500만 원 투자금에 취득세, 중개보수료 약 1,530만 원을 예상한다. 해당 매물은 강남역 초역세권에 위치한 신축 오피스텔이므로 매우 안정적인 수익률을 도모할 수 있다.

G오피스텔			
전용면적(㎡)	24.63	계약면적(㎡)	52.47
매매가격	30,000만 원	대출금액	21,000만 원
보증금	1,000만 원	세금 (취득세, 중개보수)	1,530만 원
실제 투자액	9,530만 원	연간월세수입	1,320만 원
연간대출이자	729만 원	연간실질수익	591만 원
수익률(1년간)	6.20%	수익률(5년간)	14.36%

강남 오피스텔 완판녀, 중개업 특급 전략

3) 대출 70% 끼고 단기임대로 계약할 경우

위와 동일한 조건의 매물을 오피스텔사업자 대출 70%를 끼고 대출 금리 3.47%, 임차인이 단기임대 보증금 140만 원에 월세 140만 원으로 맞췄을 경우에는 9.16%대의 수익률을 거둘 수 있다.

신축 오피스텔이므로 추가적 인테리어 세팅과 비용이 필요 없이 꾸준히 단기임대 수익을 창출할 수 있다.

대출 끼고 현금 약 1억 400만 원 투자금에 취득세, 중개 보수료 약 1,530만 원을 예상하고 단기임대로 콘셉트를 잡는다면 안정적이고 높은 수익률을 거둘 수 있다.

G오피스텔			
전용면적(㎡)	24.63	계약면적(㎡)	52.47
매매가격	30,000만 원	대출금액	21,000만 원
보증금	140만 원	세금 (취득세, 중개보수)	1,530만 원
실제 투자액	10,390만 원	연간월세수입	1,680만 원
연간대출이자	729만 원	연간실질수익	951만 원
수익률(1년간)	9.16%	수익률(5년간)	21.90%

10년 차 구축 리모델링으로 임대수익 3배 올리기

10년 차 구축 오피스텔은 내부 사이즈가 넓어서 일정 비용을 투자해 인테리어를 한다면 2~3배 가까이 임대 수익률을 상승시킬 수 있다.

해당 사례는 당시 저평가되어 있던 주상복합 안에 있는 오피스텔을 매입해 내부 인테리어 공사를 완료한 것이다. 건물의 외관과 관리 상태는 일반적인 오피스텔 건물에 비해 훌륭했지만, 호실 내부상태는 다소 어둡고 촌스러운 느낌이 들었다.

매수자는 합리적 금액으로 최대한의 효과를 누릴 수 있는 업체를 선정하고 바닥과 기본 옵션세탁기, 냉장고, 에어컨 교체와 중문 설치세미분리형만으로 3배 이상의 수익률을 상승시켰다.

인테리어 비용 리스트

바닥공사 약 180~250만 원(강마루 시공)
중문설치 약 350만 원(최신식 중문 분리시공)
오래된 세탁기, 냉장고 교체, 싱크대 교체

인테리어 BEFORE & AFTER

고급형 단기임대로 수익률 3배 상승시키기

강남역 인근으로 풀옵션형가구가 완비된 형태 원룸오피스텔 단기임대는 기본시세가 월 100~120만 원대로 형성되어 있다. 단기임대는 주로 1~3개월 단위로 짧게 거주하는 형태이지만, 기업 고객의 경우는 다르다.

기업에서 임원, 직원 숙소로 구하는 경우는 단기임대 거래방식과 같이 별도의 보증금 없이 높은 월세를 부담하면서도 1년 단위로 계약 체결을 한다. 1년 치의 월세를 선납하기도 한다.

1년 치의 월세가 한 번에 들어오니 월세가 지체되는 일도 없고 목돈을 받을 수 있으니 집주인으로써 기쁜 일이 아닐 수 없다. 이러한 기업 고객은 원룸 원거실 또는 복층 펜트하우스의 경우 월 250만 원대로 계약되고 있다.

기업 고객의 요구사항은 대체적으로 이러하다. 방이 따로 있는 형태를 선호하고 내부시설물침대, TV, 책상, 쇼파 등이 모두 갖추어져 있으며 별도의 보증금 없이 월세 1년 치를 선납하는 조건이다. 역에서 가깝고 교통이 편리하면 좋고, 채광과 전망이 있는 매물을 선호한다.

해당 매물은 실평 15평대로 원룸 중에서도 가장 큰 평형대이고 중문 설치로 인해 분리된 느낌의 프라이비트한 공간을 연출해 신혼살림을 해도 손색이 없을 정도로 넓은 느낌을 주었다. 새로 공사한 바닥과 주방인테리어는 심플하고 넓으면서도 최신식의 새집 느낌을 살렸다.

해당 매물은 기업 고객 계약으로 최하시세 월 180~220만 원 예상하며 이 경우 기존 임대가에 비해 3배 이상의 수익률을 거둘 수 있다. 실제로 해당 매물은 인테리어를 완료하고 월 200만 원에 계약이 체결되었다.

강남오피스텔 단기임대 위험부담 높지만 '꿀 수익'

불과 2~3년 전만 해도 단기임대는 집주인이 가장 기피하는 임대 방식이었다. 그럴 만한 것이 약 한 달 치의 월세만큼 보증금을 걸고 단 몇 개월만 계약하니 수시로 임차인이 바뀌어 집이 상하는 염려도 있고 불순한 의도로 사용되어지는 것은 아닐까 걱정만 가득 안겼기 때문이다.

하지만 지금은 오피스텔 공급량 대란에 맞서 공실률 방지의 유일한 대안으로 급부상하고 있는 현황이다. 부동산 중개사들의 정보 공유망 공실닷컴상에 개제된 서초동, 역삼동 오피스텔의 수만 추리면 약 160여 개가 된다.

건물당 평균 100세대로 추산한다면 서초동과 역삼동 소형 오피스텔만 3만 2,000여 세대다. 단 1~2년 만에 강남역 가장 가까운 곳에 대형 오피스텔이 폭발적으로 늘어나기 시작했다. 단기간에 폭발적으로 늘어난 공급량 때문에 공실률을 걱정하는 집주인도 상당히 늘어났다.

강남역으로부터 거리가 다소 떨어진 오피스텔이 임대 성수기와 비수기에 영향을 받을 수밖에 없는 것도 이런 이유에서다. 현재 강남오피스텔 단기임대는 교육을 목적으로 단기간 거주가 필요한 학생, 학부모 수요자층에서 폭발적인 인기를 누리고 있다.

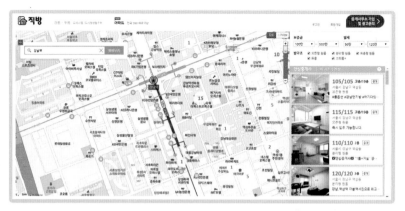

이전에는 집주인이 기피해서 오히려 구하기조차 어려웠던 단기임대 매물이 직방에서는 흔히 볼 수 있는 매물이 되었다. 교육을 목적으로 거주하는 학생과 학부모 수요층은 집주인이 가장 반기는 고급 손님이 되었다.

한 달치 월세만큼의 보증금을 걸고도 매달 월세 미납 없이 깔끔하게 사용하는 학생 거주자를 모시려 부동산 중개소에서도 애를 쓰고 있는 현황이다. 수요자들이 많으니 아예 단기임대 매물만 주력으로 관리하는 부동산 중개소도 생겨났다.

중개사들이 이야기해주는 단기임대 수익

강남역은 교육과 교통의 메카다. 학생 수요와 직장인 수요가 끊임없이 밀려든다. 특히 강남역 1분 거리 내외의 오피스텔은 공실률이

제로라고 해도 무방하다.

　부동산 중개소에서는 이러한 수요에 맞추어 아예 단기임대 매물만 거래하는 곳도 있고 집주인에게 위탁을 맡아 전대집주인의 동의하에 재임대 하는 방식를 하는 방식으로 거래하기도 한다.

　부동산 중개사는 집주인에게 전대에 동의하고 전속적으로 위탁관리를 맡아주는 조건으로 일반 시세대로 매물을 인수받는다.

　예를 들면, 보증금 500만 원에 월세 80만 원 하는 매물을 인수받아서 단기임대 시세 100만 원가량에 재임대를 한다. 이 경우 월세 차익 약 20만 원과 함께 손님으로부터 받게 되는 중개 보수료까지 수익을 챙길 수 있다.

전체	거래	주소	오피스텔명	면적	용도	입주	방수	금액(만원)	최초등록일
☐	단임	서초동	강남역푸르지오시티	57H (17.3)	주거용	협의	1 (오픈)	월 95/95	06.21
☐	단임	서초동	서초디오빌강남	56.2 (17)	주거용	기타	1	월 115/115	06.22
☐	단임	서초동	현대썬앤빌강남더인피닛	44C (13.3)	주거용	즉시	1 (오픈)	월 110/110	06.13
☐	단임	서초동	코업레지던스	39 (12)	주거용	기타	1 (복층)	월 120/240 월세가능	06.08
☐	단임	서초동	서초디오빌강남	56.2 (17)	주거용	즉시	1 (오픈)	월 120/120	06.08
☐	단임	서초동	강남역푸르지오시티	52A (15.8)	주거용	즉시		월 200/90	06.22
☐	단임	서초동	강남역인앤인	69.42 (21)	주거용	즉시	1 (오픈)	월 140/140	06.19
☐	단임	서초동	강남역한화오벨리스크	66.12 (20)	주거용	즉시	1 (오픈)	월 140/140	06.22
☐	단임	서초동	큐브플러스	42B (13)	업무용		1	월 100/70 단기임대가능	06.01
☐	단임	서초동	현대썬앤빌강남더인피닛	40A (12.4)	겸용	즉시		월 110/110	06.15
☐	단임	서초동	강남효성해링턴타워	57 (17.2)	주거용	협의	1	월 110/110	06.15
☐	단임	서초동	대우벨라체	49B (14.9)	업무용	협의	1 (오픈)	월 100/100 단기임대가능	06.22

참조: http://www.gongsil.com

　　부동산 중개사들의 정보공유망 공실닷컴에서는 풀옵션, 단기임대 카테고리가 생겨났다. 중개인끼리 협업이 활발해서 단기임대 고객도 공동중개로 거래가 체결되기 때문이다.

　　일반적인 소형 원룸오피스텔의 경우 100만 원에서 120만 원선이 풀옵션 단기임대 시세다. 방이 따로 있는 형태의 중대형 아파트 매물은 단기임대 매물이 많지 않기 때문에 다소 높은 가격에 계약이 되고 있는 추세다.

단기임대의 경우 성수기와 비수기가 극명하게 갈리는 편이다. 학생들의 방학 시즌에 맞춰 극성수기가 도래하면 단기매물이 동이 나 버릴 정도다. 반면 비수기에 도래하면 공실률 위험이 급격히 높아지기도 한다.

단기임대 중개플랫폼 서울원먼스

🏠 www.seoul1month.com

단기임대 거래 방식은 오피스텔 공실률 방지를 위한 최적의 대안이다. 하지만 아쉽게도 손님의 입맛에 맞는 단기임대 매물은 발품을 팔지 않고서는 구하기 쉽지 않다. 단기임대 수요는 해외에서 들어오는 학생과 학부모도 상당히 많다. 일일이 단기임대 집을 구경할 수 없는 손님들도 있고 단 몇 달 거주할 뿐인데 시간과 체력을 소모하고 싶지 않아 하는 수요층도 많다.

서울원먼스는 중개업을 기반으로 한 중개플랫폼이다. 온라인상에서 내부시설 사진과 세부사항을 확인한 후 전자계약서로 간단하게 계약하고 입주할 수 있다. 이제는 단 한 달을 살아도 합리적인 임대가와 체계적인 관리 시스템으로 간편하게 단기임대를 거래할 수 있다.

굳이 발품을 팔지 않아도 깔끔하고 보안관리 잘 되는 오피스텔을 한 달 단위로 임대할 수 있다. 언제든 중개사를 통해 상담, 문의할 수 있고 임대관리 회사와 연계되어 있어 더욱 안전한 거래가 가능하다.

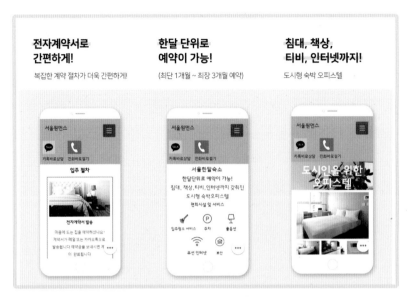

임대관리 회사의 등장

최근 들어 단기임대 매물의 폭발적 증가와 더불어 임대관리 회사가 대거 등장하기 시작했다. 호텔과 도시형생활주택이 분할되어 있는 어반플레이스강남Urbanplace Gangnam은 강남권오피스텔 임대관리의 선두 주자가 되었다. 3~8층까지는 월 단위로 임대할 수 있고 9~17층까지는 호텔로 운영되고 있다.

또한, 분양을 앞두고 있는 B오피스텔은 위탁관리 회사에서 관리하는 형태로 발전하고 있다. 실제로 지난 6월 첫 입주를 시작한 오피스텔은 임대관리회사에서 일부 호실을 단기임대 수익실현을 목적으로 위탁관리를 체결했다.

임대관리 회사는 주택임대관리업을 정식 등록한 형태이고 중개업을 겸업할 수는 없는 현황이다. 그래서 중개팀을 따로 형성해서 운영하거나 기존 부동산 중개사를 통해 거래를 체결하고 있다.

단기임대 수요와 공급이 꾸준히 늘어날수록 임대관리 회사의 수도 점점 더 늘어날 것으로 예상한다. 임대관리 회사와 기존 중개업의 공존이 어떤 방식으로 이어질지 기대된다.

3

신축 분양오피스텔 투자

1) 분양권 매입으로 취득세 없이 시작하기

강남오피스텔 투자를 계획하고 있다면 신축 분양 오피스텔을 노려보는 것도 좋은 방안이다. 신축 오피스텔이 완공되기 약 3개월 내외로 분양권 전매매물이 다량 접수되곤 하는데, 층과 뷰가 좋은 쪽은 프리미엄이 붙기도 하지만 일부는 분양가 그대로 거래되기도 한다.

오피스텔은 취득세가 4.6%로 다소 비싼 편인데 신축분양 오피스텔은 분양권 상태로 사서 주택임대사업자를 낸다면 취득세 면제혜택을 받을 수 있다. 단 취득세 200만 원 이상일 경우 85% 면제에 해당한다.

최근 강남권에 지어진 신축오피스텔은 대다수 전용면적 6~7평대의 소형 원룸 형태다. 학생과 직장인 수요에 걸맞은 심플한 디자인에 깔끔한 옵션빌트인시설, 가구으로 수요층으로부터 인기가 뜨겁다. 주방과 세탁기, 에어컨 등 주거용으로 사용하기에 최적화되어 있다.

따라서 신축 오피스텔 집주인의 사업자등록 형태를 살펴보면 대다수 주택임대사업자를 내서 임차인이 전입신고를 할 수 있도록 했다. 분양권 전매절차는 일반 매매계약과는 조금 다르다.

2) 분양권 전매 절차

분양권 매매계약 – 실거래가 신고 – 은행대출 승계 – 분양권 명의 변경

(1)매매계약서 작성

분양권 상태로 매도자와 매수자가 매매계약을 체결한다. 일반 매매계약 시에는 등기권리증과 등기부등본등기사항전부증명서 등 서류 확인과 본인 확인을 거쳐 체결하는 것에 반해 분양권전매는 아직 등기가 나지 않은 상태이므로 분양계약서 원본과 본인 확인을 거쳐 계약을 체결한다.

(2)실거래가 신고

매매계약이 완료되면 실거래가 신고를 해야 하는데 계약서를 지참해 시·군·구청에 방문하거나 인터넷 국토교통부 부동산거래관리시스템rtms.molit.go.kr 접속을 통해 가능하다. 매도자나 매수자가 직접 신고도 가능하지만, 중개사를 통해 거래했을 경우 중개사가 이를 대행한다. 계약체결일로부터 60일 이내 실거래가 신고해야 함을 유의해야 한다.

(3) 은행대출승계

매수자가 중도금 대출을 승계할 경우 해당 은행에 대출승계가 가능한지에 대한 여부를 사전에 체크해야 하며 승계가 가능한 경우 해당 은행에서 필요로 하는 첨부서류를 지참해 방문하면 된다.

지참서류로는 기본적으로 인감증명서 2부, 인감도장, 주민등록등본 1부, 주민등록초본 1부전 주소지 기재, 신분증이며 근로자의 경우 재직증명서와 근로소득 원천징수영수증을 요하며, 소득이 없는 경우 건강보험료 납부확인서를 요한다.

분양 잔금일이 임박하면 중도금 대출 승계가 불가한 경우도 있으니 분양권전매 시 대출 여부 사전체크는 필수다.

(4)분양계약서 명의변경

분양계약서상 도장이 찍혀 있는 곳을 확인하면 명의변경 시 다시 도장을 받아야 하는 곳을 명확히 알 수 있다. 매도자와 매수자는 분양계약서 원본, 매매계약서, 실거래가 신고필증, 인감증명서, 인감도장, 신분증 등 해당 기관에서 요청하는 서류를 필히 지참해야 한다. 건설사, 시행사, 분양사무실을 방문해 명의변경을 완료한다.

(5)명의 변경 시 지참서류

매도인: 매도용 인감증명서매수자 인적사항 기재 1부, 주민등록등본1부, 신분증, 인감도장, 분양계약서 원본

매수인: 인감증명서 1부, 인감도장, 주민등록등본 1부, 신분증

(6) 소유권이전 등기접수

소유권이전등기는 보존등기일과 분양대금 완납일 중 늦은 날로부터 60일 이내 신청해야 한다. 신축 분양 잔금 시에는 해당 건물에 지정된 법무사에서 전체적으로 접수 대행하므로 비교적 쉽게 처리 가능하다.

대출 없는 세대의 경우 분양계약서 원본, 주민등록초본 1부최근 5년간 주소변동 이력 포함, 도장, 감면대상자주택임대사업자등록증 사본를 구비해야 한다. 대출이 있는 세대는 추가로 인감증명서 1부, 신분증 사

본앞뒤 면, 인감도장 날인을 요한다.

(7) 취득세 신고 납부

분양대금 완납일과 사용승인준공일 중 늦은 날로부터 60일 이내에 자진신고 납부해야 한다. 신고 납부는 해당 지자체 세무과에 자진 신고, 고지서 수령 후 납부한다. 취득세 면제 혜택을 받으려면 취득 일잔금납부일 전에 주택임대사업자 등록을 해야 한다.

신축 분양 잔금 시에는 지정된 법무사에서 소유권이전등기와 더불어 취득세 신고를 대행해주기도 한다.

3) 주택임대사업자 또는 일반임대사업자 내기

(1) 주택임대사업자는 트렌드다

최근 신축오피스텔은 앞서 언급했던 대로 전용면적이 6~7평대로 소형 원룸이다. 이러한 소형 오피스텔에서 임차인이 사업자를 내고 영업하는 사례는 많지 않다.

주거용으로 최적화된 사이즈와 시설물 옵션은 학생과 직장인, 싱글 여성들로부터 인기를 한 몸에 받고 있다. 새집이니 시설도 깨끗하고 신축 입주로 인해 물량이 많을 때라 비교적 하향시세로 계약할 수도 있으니 말이다.

강남권은 이미 전세매물이 씨가 말랐을 정도로 귀한데 이렇게 신축 분양 오피스텔이 첫 입주를 앞두는 때에는 그 귀한 전세매물이 쏟아져 나오기도 한다.

주택임대사업자를 내면 집주인은 취득세 면제 혜택도 받으면서 빠르게 임차인을 모집할 수 있다. 전세의 경우 전입신고와 확정일자를 받으면 임차인은 대항력이 생겨 전세보증금을 보호받을 수 있게 된다.

일반사업자를 낸 매물의 경우 임차인은 전세금을 보호받기 위해 사비를 들여 전세권설정을 해야 하기 때문에 전입신고가 가능한 주택 용도의 호실을 선호할 수밖에 없다. 반전세의 경우도 마찬가지다. 보증금 3,000만 원 이상을 걸고 월세를 내는 임차인은 보증금을 보호받기 위해 전입신고할 수 있는 호실을 찾는다.

이렇듯 신축오피스텔은 그 본질이 주거용으로 최적화되어 있고 수요자층의 보호욕구와 사용 용도가 명확히 드러나기 때문에 신축오피스텔 집주인이 주택임대사업자를 내는 것이 유행처럼 번지고 있다.

구분	일반임대사업자	주택임대사업자
용도	업무용도 (사무실임대)	주거용도 (전입신고 가능)
신고의무	연2회 부가가치세 신고	1년마다 임대수입신고, 매건 임대조건신고
의무보유	10년 만료 전 포괄양도 양수 가능 의무기간 위반 시 1,000만 원 이하 과태료	단기4년 (장기8년) 만료 전 포괄양도 양수 가능 단 취득세 감면분 반환 의무기간 위반 시 1,000만 원 이하 과태료
임대	사업자 등록 및 전세권설정 가능 세금계산서 발행	거주자 전입신고 가능 연5% 임대료 상한제 적용
취득세	4.6%	4.6% 신규분양의 경우 60㎡ 이하 2021년까지 면제혜택 단 취득세200만원 이상 85%면제
부가가치세	건물분의 부가가치세 환급 (전체분양가의 약7%에 해당)	부가가치세 환급 없음
매도	부가가치세 납부 (포괄양도 양수 제외) 양도소득세 납부	부가가치세 납부 없음 양도소득세 납부

(2)주택임대사업자와 일반임대사업자 비교분석

주택임대사업자는 취득세 면제 혜택으로 대다수 신축오피스텔 분양자들이 선호하는 사업자 방식이다. 반면 연 5% 임대료 인상제한이 있기 때문에 초창기에 너무 낮은 임대가에 계약을 체결했다가는 추후 임대료를 올리지 못해 낭패를 볼 수 있다.

또한, 4년 이내 매매할 경우 면제받은 취득세 추징과 더불어 임대주택법 위반으로 1,000만 원 이하의 과태료에 해당할 수 있으니 유의해야 한다. 주택임대사업자 간 포괄양도 양수 시에는 과태료 사항에 해당하지 않으므로 취득세 추징만 있다.

주택임대사업자를 낸 오피스텔의 경우 기존 보유분 아파트 양도 시 주택 수에 포함되지 않기 때문에 추후 1가구 1주택 비과세거주 주택을 2년 이상 소유하고 2년 이상 거주했을 경우에 해당해 양도소득세를 절감할 수 있다.

주택임대사업자를 낸 세대는 임차인이 바뀌거나 금액변동이 있을 경우 임대조건신고 또는 임대조건변경신고를 해야 한다. 임대조건신고는 집주인이 표준임대차계약서를 지참해 시·군·구청의 담당처에 방문 접수하거나 렌트홈 사이트를 통해 인터넷 접수할 수 있다.

일반임대사업자를 낸 세대는 건물분의 부가가치세를 환급을 받을 수 있다. 간단한 계산법으로 분양가의 6~7%가량을 환급받는다. 이에 따라서 10년 임대의무 기간을 부여받으며 연 2회 부가가치세 신고를 해야만 한다.

일반임대사업자는 업무용 오피스텔, 사업자 용도사무실 임대이기 때문에 월세에 부가가치세를 별도로 납부할 사업자 임차인을 모집해야만 한다. 전입신고를 하는 등 주거용으로 사용되고 있는 것이 적발되었을 시에는 환급받은 건물분의 부가가치세를 추징당하고 반납해야만 한다.

일반적으로 주택을 여러 채 보유해 업무용 오피스텔을 추가 매입하는 경우나 오피스텔의 저층을 매입하는 경우는 일반임대사업자를 선호한다. 오피스텔 저층은 사업자 용도로 찾는 수요층이 있기 때문에 사업자 임차인 모집이 비교적 용이하기 때문이다.

(3) 주택임대사업자 등록하는 방법

주택임대사업자는 집주인 거주지 관할 시·군·구청 주택과에 방문 접수하거나 렌트홈 사이트에서 인터넷 접수할 수 있다.

임대사업자 등록증은 3~7일 내외 우편이나 방문으로 수령할 수 있으며 수령 후 임대사업자 등록증을 지참해 세무서에 방문한다. 세무서에서 부가가치세 면세사업자 신청을 하면 등록이 완료되며 사업자 등록증이 즉시 발급된다.

(4) 일반임대사업자 등록하는 방법

가까운 세무서에 신분증, 계약서를 지참해 방문 접수한다.

강남 오피스텔 완판녀, 중개업 특급 전략

4) 신축 오피스텔 잔금 치르고 입주자 모집하기

신축 오피스텔의 경우 한날한시에 다양한 조건의 임차인을 모집하기 때문에 집주인은 상황에 맞게 임대가를 선정할 수 있다. 전세금을 받아서 분양 잔금을 치르고 등기접수까지 동시에 처리하는 경우도 있고 분양 잔금 대출을 받은 후 반전세로 임차인을 계약해 임차인이 건넨 보증금을 보태서 분양 잔금을 치르는 경우도 있다.

최근 전세의 경우 매매가의 70~80%까지 전세가를 받을 수 있기 때문에 집주인은 전세임차인을 모집해 잔금 당일 분양 잔금을 치르고 소유권이전등기 접수를 완료할 수 있다. 이 경우 등기부 등본등기사항전부증명서이 확인되기까지는 약 일주일가량 소요된다. 전세임차인은 소유권이전등기 접수한 당일 전입신고와 확정일자 등록을 마칠 수 있다.

가령 전세입자가 전세자금대출을 요청하기도 하는데 해당 매물이 주거용인 경우 집주인의 서류협조 등을 통해 전세자금대출이 가능하다. 이러한 방식으로 집주인은 전세금을 받아 분양 잔금을 치루며 매물의 시세차익을 기대하는 투자도 가능하다.

반면 일반임대사업자를 낸 사업자용도 오피스텔의 경우 전세입자를 모집하기 다소 어려울 수 있다. 왜냐하면, 임차인이 전입신고를 할 수 없기 때문에 전세권설정을 해야만 전세보증금을 보호받을 수 있기 때문이다.

반전세의 경우 해당 매물이 주거용일 경우 임차인 모집이 용이하다. 전입신고를 할 수 있기 때문에 대항력과 더불어 우선변제권, 최우선변제권에 해당할 수 있어 임차보증금을 보호받을 수 있기 때문이다. 집주인은 임차인을 통해 비교적 높은 반전세 임대보증금을 받아 분양잔금에 보탤 수도 있고 추가로 월세 수익도 거둘 수 있기 때문에 2마리 토끼를 잡을 수 있는 임대방식이다.

이외 일반 월세나 단기임대를 거래하기도 하는데 집주인이 중도금 대출, 잔금대출을 낀 상태에서 이자 부담률이 높은 경우 단기임대를 거래해 수익을 창출하는 방법도 있다.

통상적으로 강남역 인근의 단기임대 시세는 최하 월 100만 원가량이다. 신축에 내부 옵션, 침대, TV, 냉장고 등 편의시설을 모두 갖춰 놓은 상태라면 더욱 임대료를 높여 수익을 낼 수 있다. 물론 단기임대 거래방식은 임대관리 회사나 전문적으로 단기임대관리를 할 수 있는 부동산 중개소에 맡기는 것이 좋다. 위험부담이 높은 만큼 수익이 좋은 거래방식이기 때문이다.

기존 단기임대의 거주기간은 1~3개월 내외가 가장 많고 입주자의 신용과 해당 호실의 훼손 상태를 일일이 확인해야만 한다. 집주인이 직접 하기에는 너무나 벅찬 일이다.

최근 들어 위탁임대관리 회사가 합작하는 형태로 분양하는 사례가 늘고 있다. 지정수익 보장으로 별도의 임대보증금 없이 높은 임대료

수익을 볼 수 있어 선호하는 방식이다.

임대관리회사에서는 집주인을 대신해서 단기임대 거래를 체결해 수익을 창출하고 집주인에게는 지정된 수익을 보장하는 형태다. 외국에 거주하고 있거나 바쁜 스케줄로 임대관리가 여의치 않은 집주인은 임대관리 회사의 규모와 신뢰도를 확인해 위탁계약을 체결하는 것도 임대수익을 얻는 또 하나의 좋은 방안이겠다.

4

부동산 투자,
관리에 유용한 사이트

서울부동산정보광장

🏠 http://land.seoul.go.kr

부동산 실거래가 확인은 서울부동산정보광장을 통해 가능하다. 서울
부동산정보광장은 한국토지공사시스템에서 서울특별시로 정보를 실
시간으로 연계하기 때문에 가장 최신의 자료이자 신뢰도 있는 자료다.

건물명	지번	건물전용면적 (㎡)	4월			5월			6월		
			계약일	거래금액	층	계약일	거래금액	층	계약일	거래금액	층
강남	1308-25	35.080				05.11	17,800	8			
강남 효성 해링턴 타워	1337-6	26.270				05.01	24,500	5			
강남역 2차 I	1309-2	28.880	04.02	26,000	9						
			04.20	26,500	7						
강남역 I	1303-16	28.610	04.30	28,500	15						
		29.550				05.12	30,400	15			
		29.940	04.12	27,250	11						
강남역리가스퀘어	1308-26	36.930	04.06	29,000	7						
			04.10	29,500	14						
		49.260	04.03	39,000	6						
강남역한화오벨리스크	1327-27	26.475							06.11	22,000	13
		39.078	04.26	26,000	6						
강남태영데시앙루브	1303-35	0.376				05.01	285	8			
		40.770	04.27	36,900	9						
대우도씨에빛2	1328-11	38.805	04.07	35,500	5	05.14	33,000	10			
		41.276	04.05	33,700	12						
대우디오빌강남	1309-1	32.690	04.19	23,500	11						
더샵	1445-14	36.270	04.05	30,000	8						
		38.940				05.04	34,000	18			
						05.10	34,000	13			
동양라디안루키	1600-7	22.940				05.10	15,300	11			

상단의 '부동산 실거래가'를 클릭하면 신고된 실거래가 중 거래 구분이 매매이고 적정 판정된 자료가 표기된다. 연도별, 분기별로 검색할 수 있기 때문에 건물별로 매매가의 역사를 손쉽게 확인할 수 있다.

　서울부동산정보광장을 통해 전월세가격정보도 확인할 수 있다. 임차인이 전월세 거래 후 동 주민센터 또는 대법원등기소에 확정일자를 신고한 자료이므로 실제 전월세 거래된 시세다.

　부동산 포털사이트를 통해 광고되고 있는 매물의 시세도 전체적으로 표기된다. 오른쪽에 표기되는 매물 시세 란의 버튼을 클릭하면 해당 광고사이트로 연결되어 매물의 정보도 확인할 수 있다.

　그 외 아파트 분양권·입주권 실거래가와 분양정보도 확인 가능해 전체적 실거래가를 검토하기에 서울부동산정보광장은 최적의 정보망이다.

서초동 　매물정보 : NAVER　D+m　부동산IN
　　　　　시세정보 : 국민은행　부동산IN

단지	지번	전용면적(㎡)	전월세가 (만원)									매물	시세
			4월			5월			6월				
			계약일	보증금	층	계약일	보증금	층	계약일	보증금	층		
(1331-1)	1331-1	134.270	04.14	150,000	18							부동산114	부동산114
(1344-23)	1344-23	24.830				05.28	21,000	9				부동산114	부동산114
(1451-89)	1451-89	20.680				05.20	17,000	1				부동산114	부동산114
(1456-2)	1456-2	84.950	04.25	54,000	9							부동산114	부동산114
(1507-48)	1507-48	29.680				05.05	18,500	4				부동산114	부동산114
(1581-5)	1581-5	58.200	04.26	40,000	4							부동산114	부동산114
SK뷰	1521-8	165.280				05.13	95,000	9				NAVER Daum 부동산114	부동산114
강남역KT동양파라곤	1327-29	57.440	04.20	55,000	14							Daum	KB국민은행
강남태영데시앙루브	1303-35	83.540							06.07	55,000	14	Daum 부동산114	부동산114
		84.430	04.05	60,000	14								
경남아너스빌201동	1456-2	84.950							06.04	75,000	4	부동산114	부동산114
대경벨로체	1484-7	83.113				05.09	53,500	5				부동산114	부동산114
대우디오빌프라임	1337-22	81.970							06.01	62,000	15	Daum 부동산114	KB국민은행 부동산114
		84.920	04.30	30,000	14								
		84.970	04.15	55,000	9								

부동산 빅데이터 플랫폼 부동산114

🏠 www.r114.com

부동산 정보제공으로 역사가 깊은 부동산114가 산뜻하게 업데이트
되었다. 부동산 빅데이터를 기반으로 해 시세와 통계자료를 수치화하
고 더욱 디테일한 신뢰도 있는 정보를 제공한다.

부동산114에서는 지역별로 빅데이터 기반으로 수치화한 자료를 손
쉽게 검색할 수 있다. 따라서 거래 동향 등을 파악하기에 매우 유용하
다. 또한, 건물별 시세를 클릭할 경우 국토교통부 자료에 의거한 실
거래가와 면적별 시세변동 추이도 간편하게 확인 가능하다.

　오피스텔 투자를 앞둔 분들이라면 가장 유용하게 사용할 기능은 바로 오피스텔 모의 투자 보고서인데 해당 툴에 주소, 가격 정도, 대출 정보 등을 기입하면 빅데이터에 기반한 투자 수익률 비교 분석자료를 간편하게 확인할 수 있다.

　건물별로 시세확인 중에서도 모의 투자 보고서 버튼을 눌러 해당 건물의 투자 보고서를 확인할 수 있다. 이 투자 보고서는 오피스텔투자자뿐만 아니라 부동산 중개사에게도 손님한테 간편하게 브리핑하기 유용한 기능이다.

임대관리 애플리케이션 홈버튼

⌂ www.homebutton.co.kr

임대료 미납관리를 이전에는 집주인이 일일이 통장을 찍어보며 관리했었다면 이제는 애플리케이션, 웹사이트를 통해서 자동으로 임대료수납 관리를 할 수 있다.

미납관리뿐만 아니라 임차인의 연락처, 계약조건 등도 기입할 수 있어 계약의 전반적 사항도 확인 가능하다. 휴대전화 안에서 간편하게 모든 매물을 관리할 수 있어 집주인에게 매우 유용한 서비스다.

렌트홈

⌂ www.renthome.go.kr

주택임대사업자를 낸 집주인은 구청에서 직접 임대조건 신고를 해야 했지만, 이제는 인터넷으로 간편하게 신고처리가 가능하다. 렌트홈 사이트를 통해서 집주인은 임차인이 바뀔 때마다 임대조건 신고를 할 수 있다.

임대조건 신고뿐만 아니라 임대사업자 등록신청, 등록증발급도 인터넷으로 가능하다. 또한, 임대주택 찾기 기능을 통해 주택임대사업자로 등록된 매물을 확인할 수 있다.

강남 오피스텔 완판녀, 중개업 특급 전략

대법원인터넷등기소

🏠 http://www.iros.go.kr

　부동산계약을 할 때 꼭 확인해야 하는 등기부등본등기사항전부증명서은 대법원인터넷등기소에 접속해 확인할 수 있다. 대법원 인터넷등기소 인터넷 상뿐만 아니라 애플리케이션을 통해 휴대전화로도 즉시 확인할 수 있다. 등기부등본등기사항전부증명서을 통해 해당 매물의 집주인 명의와 면적 사항, 융자가 잡혀 있는지 등을 확인할 수 있다.

　대법원인터넷등기소에는 별도의 회원가입을 하지 않고도 열람할 수 있고 휴대전화 번호와 이름을 기입한 후 휴대전화 결제로 간편하게 등기부등본을 확인, 출력할 수 있다. 최근에는 확정일자도 이곳 대법원인터넷등기소에서 인터넷 신청 가능하다.

에필로그

토털 컨설팅으로 나아가라

강남권 오피스텔의 숫자가 폭증하고 있다. 임대 수요가 많은 만큼 공급 물량 또한 지속적으로 늘어나는 양상이다. 예전에는 강남권 매물이 없어서 계약하지 못했다면 요즘에는 공실률을 걱정해야 할 판이다.

이뿐만이 아니다. 임대계약 체결 후에도 갖가지 뒤처리 상황에 무방비로 노출된 주인들의 고민은 이만저만이 아니다. 이제는 수많은 주인을 위해 체계적으로 임대관리를 해야만 하는 시대다. 공실 없이 빠르게 계약을 성사시키는 것뿐만 아니라 뒤처리까지 감당해야 제대로 된 임대관리다.

다양한 곤경을 겪어야 하는 주인들을 위해 더 가까이에서 조언해줄 수 있고 이끌어줄 수 있는 중개사가 돼야 한다. 신속한 임대계약

강남 오피스텔 완판녀, 중개업 특급 전략

체결은 물론 퇴실 정산, 시설 체크, 하자 보수, 세무 업무 등 종합적인 컨설팅이 요구된다.

임대관리의 첫 시작은 계약이다. 계약을 통해 주인과 입주자의 관계가 시작된다. 계약에서부터 퇴실까지 체계적으로 돕는 일을 중개사가 도맡아야 한다. 중개에 기반을 둔 임대관리의 체계적인 시행은 부동산 영역의 틈새시장이자 블루오션이다.

참고문헌

김준환, 《일본의 임대주택관리업》 이프레스 2013.11.20

이상영, '민간주택 임대산업의 지속 가능한 발전전략,' 〈전환기 부동산정책의 새로운 방향 모색〉, 2013.01.

부동산 X파일, 〈기업형 주택관리와 임대관리〉, 2016.01.10.

본 책의 내용에 대해 의견이나 질문이 있으면
전화 (02)333-3577, 이메일 dodreamedia@naver.com을 이용해주십시오.
의견을 적극 수렴하겠습니다.

고객 맞춤형 부동산 임대관리 비법

강남 오피스텔 완판녀, 중개업 특급 전략

제1판 1쇄 인쇄 | 2018년 9월 25일
제1판 1쇄 발행 | 2018년 10월 2일

지은이 | 정유리
펴낸이 | 한경준
펴낸곳 | 한국경제신문*i*
기획제작 | (주)두드림미디어

주소 | 서울특별시 중구 청파로 463
기획출판팀 | 02-333-3577
영업마케팅팀 | 02-3604-595, 583 FAX | 02-3604-599
E-mail | dodreamedia@naver.com
등록 | 제 2-315(1967. 5. 15)

ISBN 978-89-475-4398-9 03320

한국경제신문 *i* 부동산 도서 목록

부동산
투자,
흐름이
정답이다

부동산 경매
소액 투자의 기적

주인이
나가래요

당신도 가 될 수 있다
김코치
경매

이것이 진짜
성공 NPL이다
Non Performing Loan

방패장군의
실패하지 않는
부동산
실전 투자
X-파일

부동산 의문점 100문 100답
내집마련
슈퍼리치
SUPER RICH

이것이 진짜
소송 경매다

부동산 경매로
365일 월세를
뿜뿜는 사람들

구만수 박사
3시간 공부하고
30년 써먹는
부동산 시장 분석 기법

제주도
경매왕

경매 성공의 지렛대가 되어줄
법정지상권,
분묘기지권
깨트리는 법